空間メディアプロデューサー
岡本太郎記念館館長
平野暁臣の仕事の鉄則

「世界に売る」ということ

平野暁臣 著

はじめに

これからの時代に必要なことは〝新しい価値〟を世界にぶつけていくこと

新しい価値を創出し、世界に売っていく。

この先も日本が勝ち残るには、それしか道はありません。

戦後、日本は〝いいものを安く〟で世界に切り込み、奇跡の繁栄を手にしました。でも、もはやそれは途上国の仕事。これからはひとつ上のステージで勝負するほかないでしょう。魅力的なビジョンで共感を引き出す。独創的な哲学で信頼と愛着を勝ち取る。経験を広げ、新たな発見に誘う。それが〝新しい価値〟の本質、万国共通の基本原理です。

「いいものを安く」とちがって、「新しい価値」を生み出すのは創造力。だから規模の影響を受けません。零細企業でも、個人でさえも、つくることが可能です。しかもいまはだれもが世界とつながれる時代。クールジャパンのように、日本固有のモノやコトを世界に売り出そうとの機運も高まっています。世界への扉は開かれているのです。

ではいったい、どうすれば新しい価値に近づくことができるのでしょう?

まずは「競合他社より安くて便利なものをつくる」から、「独自の着想と技で〝まだないもの〟をつくる」へと発想を変えること。そして、クリエイティブな成果を生み出すメカニズムを知り、マネジメントの勘所を理解すること。そのうえで、じっさいに人を動かし、現場を乗り切る腕力を身につけること。これが創造性を発揮する仕組みのすべてです。新しい価値を武器に戦うべき人は、デザイナーやクリエイターだけではありません。日本でビジネスをやっていくなら、だれもがそうあらねばならないのです。なぜか。ぼくたちはもう安くて便利なだけでは満足できないからです。

この先、ものごとの価値を決めるのはクリエイティブであるかどうかです。教育も、医療も、農業でさえも、まもなくそうなるでしょう。営業マン、公務員、教師、美容師……、いずれも例外ではありません。これからの時代、人も企業もクリエイティブでなければ生き抜くことはできないのです。

〝まだないもの〟を社会に送り出す。己れのアイデアを世に問う。ささやかではありますが、ぼくはそれをやってきました。職能はイベントやメディア空間のプロデュースで、日本文化を海外に伝える仕事を中心に、さまざまなプロジェクトをお手伝いしてきました。

場数を踏むうちに、ぼくの中に、ぼくなりの「プロデュースの作法」が定まってきたような気がします。クリエイティブなモノやコトを生み出すための方法論のようなものです。

現場でつかみ取ったぼく個人の経験則ですから、普遍的でも学術的でもありませんが、ぼくはいつもこのやり方でプロジェクトに臨んでいます。

これから、ぼくが身につけてきた仕事の流儀を紹介していきますが、その話をはじめる前に、まずはぼくのバックグラウンドからお話ししようと思います。


ぼくが生まれたのは高度成長が勢いに乗った昭和34年。東京タワーが完成した翌年で、まさに『ALWAYS 三丁目の夕日』の頃でした。新幹線と首都高速が開通し、東京オリンピックが開かれたのが幼稚園のとき。街並みの風景が日々変わり、家に電化製品がどんどん入ってきて、貧しいながらも明るい明日を無邪気に信じられた幸せな時代でした。

そんな少年時代に衝撃的な出来事と出会いました。小学校六年の夏にやってきた大阪万博です。宇宙船、月の石、ロボット、コンピュータ……、巨大な会場には目を見張るものたちがキラキラと輝いていました。メンコやベーゴマで遊んでいた小僧の目の前にいきなり〝未来〟が舞い降りたわけで、リアルに未来と触れあったというこのときの実感は、ぼくにとって生涯忘れることのできない原体験です。まさに人生最大の事件でした。

未来の子供たちにも同じものを見せてあげたい。だから、こんどはぼくがバンパクをつくる番になる。小学校の卒業文集に、ぼくはそう書きました。タイトルは「デザイナー」。まだプロデューサーという言葉を知りませんでした。

しかし、中学高校と進むうちにいつしかそれを忘れ、大学では建築を学びました。専攻したのは建築計画という分野で、設計実務に供するデータを収集解析する学問です。ぼくは研究対象に博物館を選びました。学生生活は可もなく不可もない平凡なものでした。

当時、建築学生の標準的な就職先は、ゼネコン、役所、設計事務所の三つだったのですが、就職時期が迫っても、ぼくには働いている自分が一向にイメージできず、業種を決められないままズルズルと先延ばしにしていました。

ある日、友人の下宿で小さなモノクロテレビを見ながら安酒を飲んでいたら、映画がはじまりました。高倉健の『海峡』でした。青函トンネル建設の物語で、健さんは現場の技術者。両側から掘り進めてきたトンネルがついにつながった瞬間、寡黙で実直な彼が喜びに沸く一団からひとり離れ、歓喜を噛み締めながらグッと拳《こぶし》をにぎったのです。

うわー、カッコイイ！　これだ！　これが男だ！　男の仕事だ！

見終わったときにはゼネコンに行くことを決めていました。もちろん設計や営業ではなく「現場」です。健さんみたいな男になりたい。とても大学院生とは思えない幼稚さですが、そのときは本気でそう考えていました。

こうして現場監督になり、右も左もわからない工事現場を走り回る毎日がはじまりました。設計事務所から渡された設計図から施工図を起こし、多岐にわたる工事内容を連結した作業工程を組み、足場やクレーンなどの仮設計画を立案する。現場の職人たちにそれらを伝え、予定通りに工事が進むようマネジメントする。現場では管理のイロハを叩き込まれました。とりわけ当時はゼネコンが近代的なQC手法を導入しはじめた頃だったので、品質管理の理論も教育されました。

しかし、ぼくの血になり肉になったのは、そうした座学の理屈ではなく、現場での体験であり、失敗でした。

最初の現場で所長に聞かれました。「オレたちゼネコンはどうやって儲けるか、オマエ、わかるか」。見当もつかないぼくには「腕のいい営業が見積をふっかけるんですか?」というマヌケな答えしか思いつきません。

「バカモノ！　段取りだよ、段取り！　段取りさえ良ければ金は浮く。だが段取りが悪いと無駄な金がどんどん出て行くんだ。気がついたときには遅いんだよ。オレたちは段取りでメシを喰っている。それを忘れるな」。

そのときはまだピンときませんでした。理屈は理解できても実感がない。でもすぐにそれを思い知らされる事態が待ち受けていました。ぼくの不注意が原因で、現場の工程を大きく狂わせてしまったのです。

鍛冶屋を呼ぶべき状況にあることに気づかなかったぼくは、予定通りに鉄筋屋を入れました。問題に気がついたときにはすでに手遅れで、鍛冶屋の手配がついて作業が終わるまで、鉄筋屋は手待ちに。現場がいきなりストップしたのです。やっと鍛冶屋の作業がはじまったときには、次工程の大工が現場に乗り込む日が迫っていました。まだ鉄筋屋の作業もはじまっていません。事情を話して乗り込みを遅らせてもらったのですが、彼らは次の現場が決まっていたために、作業途中でぼくの現場を抜けなければなりません。そんなことになったら、工程の遅れは取り返しがつかないところまで拡がってしまいます。事態を解決するには金を積むしかありませんでした。

いま思えば、このじつに単純な失敗がぼくの出発点です。ちょっとしたミスが雪だるま式に膨らんでいくこと、気づくのが遅れるほどダメージが大きくなること、なによりプロジェクトとはパズルであり、ひとつのピースが狂っただけでけっして完成しない、というごく当たり前の現実を、実感として身体《からだ》に刻むことができたからです。

プロジェクトの現場では、すべての要素はトレードオフの関係にあります。工程を狂わせれば金が出ていき、無理に工期を縮めれば品質や安全にしわ寄せがいく。品質をキープするには一定の予算と工期が必要で、作業が安全にできないと品質が犠牲になる。互いが互いの関数として絡みあっている。ものをつくっていくときの「全体」と「部分」の関係が少しだけ肌でわかったような気がしました。

新米監督として化粧品工場や体育館などを担当したのですが、目の前で、しかも自分が計画した通りに建物がたちあがっていく体験は、大きな充実感を与えてくれました。ものづくりの現場はスリリングでおもしろい。それがぼくの二つ目の原体験です。いまでもぼくは現場が大好きです。失敗もしましたが、手応えのあるたのしい仕事でした。

ところがあるとき、あれ？　やりたかったのはこういうことだっけ？　という思いにかられました。漠然とした、曖昧な違和感でした。オレはなにをやりたかったんだっけ？　ある日、はたと思い当たりました。そうだ、オレは万博をつくるはずだった……。大阪万博の光景が鮮明によみがえり、子供心に芽生えた夢がふたたび舞い降りてきたのです。オレがつくりたかったのは建物じゃなくて万博だったじゃないか——。

イベントの世界に飛び込むのに迷いはありませんでした。こうしてぼくは、伯母のパートナーだった岡本太郎が創設したいまの事務所に転職しました。

ちょうどバブルの真っただ中で、日本中が大型イベント、テーマパーク、リゾート開発などに沸いている頃でした。そんななか、県や市が主催する地方博覧会がブームの様相を呈していて、おなじ年に全国15カ所で開催されるなど、異様な熱気を帯びていました。

見習いのぼくが最初に投げ込まれた現場も地方博でした。「グリーンハーモニーさいたま'87」(大宮)、「食と緑の博覧会・イートピアとちぎ'88」(宇都宮)、「ナイスふ〜ど新潟'89食と緑の博覧会」(新潟)などで、数十〜一〇〇万人、会期2カ月程度の、標準的な地方博です。担当していた業務は総合プロデュース。基本構想からはじまって、組織体制、会場計画、パビリオン建設、運営サービス、広報宣伝、警備、防災、医療救護など、あらゆる要素を企画立案・推進統括する立場です。

とはいえ、建築現場しか知らなかったぼくにとって、博覧会は文字通りの別世界。かかわっている人たち、彼らが共有する価値観、使っている言葉……、なにからなにまで、すべてがちがいます。もちろん駆け出しのぼくには使い走りしかできません。目の前で日々起こることに驚き感激しながら、プロジェクトの進捗についていくだけで精一杯でした。

もちろん、自分なりの方法論を見つける、なんてことができるはずもなく、ひたすら先輩のやり方を観察し、それを真似てなんとかやってみる。そんな毎日を送りながら、少しずつ仕事を覚えていきました。

幸運だったのは職責が総合プロデューサーであったこと。プロジェクトの中核にいて、全貌を俯瞰しながら全体をマネジメントする光景をしっかりと眼に焼きつけることができたからです。枝葉ではなく樹全体を見られたことは、その後の大きな糧になりました。

実戦経験を積むうちに、建築工事のようなハードなプロジェクトと、ソフトなプロジェクトとのちがいが少しずつわかってきました。

前者が最初に「完成形」を設定し、それをめがけて一直線に進んでいくのに対して、後者で大切なのは、共感できるか、おもしろいかであって、かならずしも設計通りにつくることではない。建物にしろダムにしろ、真っ先に取りかかるのは目的物の姿形と仕様を決めることであり、ゴールを定めた後は、そこに向かって最短ルートで突き進みます。

しかしソフトなプロジェクトが目指すのは魅力的な体験や新しい物語の創出であって、設計仕様を満たすことではない。最上位に置かれるべきは「どんな情景《シーン》を現出させたいのか」というつくり手のモチベーションです。

おなじ〝ものづくり〟でも、ゼネコンとは位相の異なる世界にジャンプしていたことに気がつきました。そして、この構図があらゆるクリエイティブワークに共通していること、創造性を重視するプロジェクトほどモチベーション・オリエンテッドであること、さらに今後あらゆる分野でその重要性が高まるにちがいないこと、などを肌で感じました。いま考えると、このときの実感がぼくのプロデュース観を決定づけたような気がします。

やがて生涯忘れることのできないプロジェクトがはじまりました。ぼくの中にプロデューサーとしての礎をつくってくれたプロジェクト、それが「セビリア万国博覧会日本館」です。ちょうど三十代に入ったばかりのとき。血気盛んな頃でした。

1992年にスペインのセビリアで開催されたセビリア万博は、大阪万博以来22年ぶりに開かれた大規模万博で、日本館の建築は安藤忠雄さんが設計。ぼくはその内部に設える展示を担当するサブプロデューサーでした。

400年前に焼失した安土城の天主を原寸再元したり、折り紙だけで日本の風土を表現したりしたのですが、万博の政府出展だけあって、求められるグレードも、共同する関係者のレベルも、予算規模も、それまでとは大きくちがっていました。

万博は文化のオリンピックです。外国との真剣勝負であり、日本を理屈ではなく肌で感じてもらう絶好のチャンス。日本の美意識をしっかりと体感してもらわなければなりません。それこそ、ビジュアル資料がまったく残っていない安土城の復元計画から、鉄骨を締め付けるボルトのディテールにいたるまで、徹底して検証を重ねました。

一方で、限られた予算は合理的に使わなければなりません。そこで、日本でなければつくれないものを除いて、木造作はタイ、鉄骨はドイツとイタリアなど、国際分業することにしました。品質とコストを天秤で計りながら、いちばん効率のいい方法をさがした結果です。同様に、現場施工の職人や技術者も六カ国から呼び集めました。

準備に丸二年を費やしましたが、ぼくにとってこの二年間は他にかえがたいものでした。それまでとちがう大きな裁量を与えられたこと、求められたのが経験したことのないレベルの品質だったこと、現場がスペインで、ちょっとした油断が致命傷になること、などがあいまって、毎日が新しいトライアルの連続だったからです。心地よい緊張に包まれながら、プロデューサーとしてのスキルを体得していくことができました。

こうして綿密な準備を整え、現場に乗り込みました。すべて検証済みのはずでした。でもけっきょく、失敗から逃れることはできませんでした。ある展示コーナーに、なくてはならない手すりがなかったのです。

日本を知らない人たちに日本文化の神髄を見せたい、日本人の価値観が肌で感じられるものをつくりたい、外国パビリオンには真似できない繊細な仕上げで日本の美意識を伝えよう……。そういった空間づくりにばかり気を取られ、開幕後に観客であふれかえった運営状況を冷静にイメージすることができなかったのです。

気づいたのは開幕直前。現場設営が一段落し、ほっと一息ついたときでした。このまま開館したら展示物と観客の双方にとって危険です。一刻も早く手を打たなければならず、〝スペイン時間〟につきあっている余裕はありません。

そこで、鉄骨製作を依頼していたイタリア・ミラノの工場に発注することにしました。がんばってくれましたが、それでも通常の輸送・通関をやっていたら間にあいません。そこでスタッフをセビリアからミラノ行きの飛行機に乗せ、ミラノ空港で手すりを受け取って、そのままとんぼ返りの便で個人の手荷物としてセビリアまで運びました。開幕にはなんとか間にあいましたが、プロとして口にするのがはばかられる恥ずかしい失態です。

ボルト一本まで綿密に計画していたはずなのに……。いや、だからこそ見失ったのかもしれません。「部分」にこだわるあまり、「全体」を俯瞰することができなかったのです。

つねに「全体」を見通しながら「部分」をブラッシュアップしていく。それがプロデューサーの仕事です。たえず全体と部分を行き来する思考が不可欠で、ひとつの部分にとらわれては判断をまちがう。頭ではわかっていましたが、身体で覚えるところまでは至っていなかったのです。

こうして現場を渡り歩き、たくさんの失敗を経験させてもらいながら、〝プロデュース〟という得体の知れない概念とつきあってきました。ちょうど30年になります。いまでこそ書店にはプロデュース本が並び、さまざまな〝プロデューサー〟をメディアで目にするようになりましたが、当時ほとんど情報はなく、体系だって教えてくれる人も場所もありませんでした。ぼくから上の世代はみなおなじだと思いますが、場数を踏むなかで、一人ひとりが自分なりのプロデュース論、プロデュース哲学を試行錯誤するしかなかったのです。

これからお話しするのは、〝まだないもの〟に取り組む際に、ぼくがつねに実践している仕事の鉄則、言い換えれば、ぼくなりの『戦い方の原則』です。一回限り、前例がないプロジェクトにマニュアルはありません。経験のない事態に遭遇したとき、頼りになるのはチェックリストではなく、戦場で「どう戦うか」という戦いの方法論です。

独自の着想と技で新しい価値を生み出し、世界にぶつけたい。もしそう考えるなら、みなさんがやるべきことはただひとつ。自分にあった戦い方を開発し、身につけることです。

本書がわずかでもヒントになってくれたら、これにまさる喜びはありません。

目次

CHAPTER 01
欲望をセットし、ビジョンを描く

CHAPTER 02
腹をくくって、構える

CHAPTER 03

チームを起動し、味方に引き込む

CHAPTER 04

人を束ね、惹きつける

CHAPTER 05

プロデュースの勘所

CHAPTER 01

欲望をセットし、ビジョンを描く

01

プロデューサーはどんな仕事をする人なのか？

プロデューサーという肩書きを日本で最初に使用したのは、おそらく映画や音楽の世界ではないかと思います。戦後に欧米から職能の概念として「プロデューサー」という言葉が日本に入り、1970年の大阪万博で広く知られるようになりました。

大阪万博では、基幹施設プロデューサー・丹下健三、テーマプロデューサー・岡本太郎、催し物プロデューサー・伊藤邦輔が顔をそろえ、さらに、前川國男、黒川紀章、手塚治虫といった、当時の日本を代表する建築家やクリエイターたちがパビリオンのプロデューサーを務めました。

プロデューサーとして仕事をする人が飛躍的に増えたのは、この一〇〜二〇年です。これはAKB48の総合プロデューサーである秋元康さんや、ミスターチルドレンの音楽プロデューサー小林武史さんなどのように、プロデューサーの肩書きで影響力のある仕事をする人たちが増えたことと無関係ではないでしょう。

プロデューサーという言葉は、いまや小学生でも知っているほどですが、あらたまって「プロデュースってなんですか」「プロデューサーってなにをする人ですか」と聞かれたら、答えられないという人がほとんどではないかと思います。

ひと言でいえば、おもしろいこと、やりたいことを、どうすれば実現できるかを考え、実際にその仕組みをつくって遂行するプロジェクトリーダー、それがプロデューサーです。

プロデューサーという職業を、華やかなイメージで見ている人が多いようですが、まずもって裏方です。プロジェクトを立ち上げ、コンセプトを固め、プロジェクトマネジメントを行って社会に送り出すまで、プロジェクトの中核ですべての責任を背負って決断し、粘り強く地道に行動する役割です。

秋元さんや小林さんのような独立系のプロデューサーばかりとは限りません。部長や課長、ときには新入社員でも、事実上のプロデューサーとして企業や組織の中で力を発揮している人は大勢います。たとえプロデューサーという肩書きを持っていないとしても、そういう立場でプロジェクトを率いている人はみなプロデューサーなのです。

プロデューサーはプロジェクトと一心同体です。

「特定のミッションをもった一回限りの事業を遂行し、定められた期間で目的の成果を上げる一連の業務」というのが一般的なプロジェクトの定義ですが、不確実な要素で何度も危機にさらされるのがプロジェクトというものです。

そうした危機を乗り越えて成功に導くと決意し、さらに、問題が生じたら矢面に立ってメンバーを守り、責任を取る。万一、プロジェクトが座礁したら一緒に海に沈む。ここが「アドバイザー」や「コンサルタント」と決定的に異なる点です。

それぐらい責任が重いし、逆にいえばそれだけの権限をもってプロジェクトを采配するのがプロデューサーなのです。

↓
思いを実現する
仕組みをつくり、形にする人

02

世の中にないモノ、サービスを生み出すために

みなさんの組織では、プロジェクトをどんなふうに進めていますか？

ライバル商品を研究し、それを越えるスペックをゴールに設定して、ひたすら突き進んでいませんか？　市場の状況と他社の動向を調べ、その分析から自社の取るべき道を合理的・客観的に見定めようとしていませんか？

価格競争やスペック競争に身を投じようというなら、それもいいでしょう。でも、もし世の中に〝まだないもの〟をつくりたいと考えるなら、その方法では不十分です。創造的な成果に挑戦するときには、競争相手のことを考える必要はないとぼくは考えています。

ぼくがイメージする〝創造的《クリエイティブ》なプロジェクト〟とは、ユーザーを新たな体験に誘うことで新しい価値をつくり出し、対価を得る営みのこと。ジャンルや規模の大小にかかわらず、想像力と創造性で勝負する戦いです。

これまでとちがうことをやる。いままでになかったことをやる。だれもやったことのないことをやる。それがクリエイティブなものづくりの基本スタンスです。

問題になるのは「どんな可能性をひらいたか」「どれだけ人の心に響いたか」「どんな経験に誘うことができたか」であって、「他社より一円でも安く」とか「お客さまに心を込めて」といったようなこととは関係がありません。

「いいものを安く」だけを考えればいいのなら、競合製品を研究解析してそれを越えるスペックの商品をつくる、あるいは消費者のモニター調査をもとに品質改良を行う、といった方法で成功することもあるでしょう。

しかし、いままでにないもの、だれもやったことがないことに挑戦するときには、そうはいきません。

〝まだないもの〟は『比較優位』からは生まれないし、調査分析ではつくれないからです。

新しい「なにか」を世に問うためには、とうぜんながら、その「なにか」が手元になければなりません。それがビジョンです。

↓競争相手を見ない、比べない

03

「二番煎じ」はプロデュースではない

世の中はビジョンなき商品やサービスであふれています。その典型が「二番煎じ商法」でしょう。ある企画がヒットすると、似たようなものが続々と現れます。

一方で、特別な存在感を放つ個性的な製品を生み出しつづけている企業があります。メルセデス・ベンツ、アップル、バング&オルフセン、アレッシィ……。それらに共通するのは、明確な問題意識と固有の価値観に裏打ちされた独自の設計思想をもっていること。その価値観は競合他社の戦略分析からもたらされたものではなく、彼ら自身の問題意識が醸成したものです。

近年に生まれたもののなかで、もっとも革新的でクリエイティブなプロダクトのひとつは間違いなくiPodだとぼくは思います。iPadやiPhoneが出現してからは少し影が薄くなりましたが、はじめてiPodが登場したときの衝撃は類を見ないものでした。

iPodは、先行する類似製品のすべてを蹴散らしたばかりか、暮らしと音楽の関係を変え、音楽の流通を変え、市場のルールを握る存在になりました。文字通り、ぼくたちにかつてない新しい経験を提供してくれたわけで、それは革命的と言っていい発明だったと思います。

このiPodをベンチマークに、「iPodに勝つ音楽プレイヤー」をめざすことにはたして意味があるでしょうか。

アップルよりアップルらしい製品をつくれるはずがないのだから、iPodがつくった土俵に乗って戦おうと考えた時点で、すでに負けています。試合のルールを握っている相手と正面から戦うより、新しく別の土俵をつくることを考えるほうが合理的だし、得です。iPodはけっして先行商品の「ウォークマン」を分析し、それを乗り越えることを夢見て開発されたわけではありません。

人間が積み上げてきた莫大な音楽アーカイブと個人ユーザーをストレスなくつなぐ。そうして手にした楽曲をユーザー自身が自由に編集できるようにする。その音楽コレクションのすべてを簡単に持ち歩けるようにする。

それがiPodのビジョンでした。それまでだれも構想できなかったスケールのアイデアで、まさにこのビジョンこそが発明だったと思います。

しかし、忘れてならないのは、同じ発明でも、レオナルド・ダ・ヴィンチやエジソンのそれとは意味がちがうということ。よく知られるように、iPodは自身では要素技術をなにひとつ発明していません。MP3という形式で音楽を圧縮保存する技術も、それをパソコンに記録する技術も、携帯用MP3プレイヤーという製品フォーマットでさえも、すでにあったものです。アップルはあらゆる点において〝遅れてやってきた者〟だったのです。iPodが音楽流通に革命を起こすまでに成功をおさめたのは、ひとえにビジョンがすぐれていたからでした。プロジェクトとはビジョンがつくるものであり、ビジョンを描くことこそがプロデューサーの最大の仕事です。この意味で、スティーブ・ジョブズは世界最高のプロデューサーでした。

↓

ビジョンの発明が社会を変える

04

「アイデアの生まれる街」、六本木ヒルズ

〝まだないもの〟の誕生を支えるのはビジョンである。ぼくはそれを前森ビル社長の故森稔さんから学びました。

開業からしばらくのあいだ、ぼくは六本木ヒルズのイベントをお手伝いしていたのですが、このとき親しく森さんと触れあうチャンスに恵まれました。六本木ヒルズにふさわしいイベントとはいかなるものか。それを考えるために、なんども直にレクチャーを受け、森さんの哲学を学んだのです。

この場所を〝アイデアの生まれる街〟にしたいんだ。初対面の席で彼はそう言いました。それが計画当初からの開発理念だったというのです。その言葉を聞いて、ぼくは驚きました。そんなことを考えながらビルを建てている人がいるなんて、想像もできなかったからです。

森さんは世界と戦えるコンパクトシティをつくろうとしていました。世界の優れた企業

と人材を惹き付けるためには、職住が近接し、文化、やすらぎ、エンターテインメント、ショッピングなどあらゆる機能が高いレベルでコンパクトに集積した街でなければならないという考えです。六本木ヒルズに、住居、オフィス、美術館、ライブラリー、駅、ホテル、シネコン、飲食施設、庭園などが一ヵ所に集積しているのはそのためです。

それまでこのフィールドで勝負しようとするデベロッパーはありませんでした。皆ひたすら経済効率だけをよりどころに、プロジェクトを進めてきました。だから、再開発エリアは例外なく無機質なビルが規則的に立ち並んでいます。企業利益だけを考えたら、それがいちばん合理的だからです。

しかし、六本木ヒルズでは、普通なら一〇棟の事務所ビルが立つはずの敷地に、オフィスタワーは一棟だけ。そこに容積を集中させることで、周囲に庭園や広場をつくり出しています。簡単なことのように思えますが、実際にこれを実現するのはたいへんなことで、厖大なエネルギーとコストを割く覚悟がなければとうてい不可能です。品川や汐留のようにビルを林立させれば話は簡単だったのに、森さんはあえてそうしませんでした。

ふつうの不動産会社は、立地、面積、建ぺい率、高さ制限、家賃などを真っ先に考えます。消費者動向を調べてトレンドを読み、競合物件を研究して商品企画の参考にします。要するに「いいものを安く」の価値観で、完全にスペック発想です。

対して森さんの頭にあるのは「どんな可能性をひらけるか」「どれだけ人の心に響くか」「どんな経験に誘うことができるか」、すなわちクリエイティブなビジョンでした。バックグラウンドにあったのは「東京をこうしたい」「人のくらしはこうあるべきだ」という都市に対する独自の哲学です。

他社が自社の利益、自己都合からものごとを考えるのに対して、森さんは「都市はこうあるべきだ」「だから六本木ヒルズをこうしたい」と社会的意義、普遍的理念から考えました。そうした森さんの強いビジョンが、それまで不可能といわれていたことを可能にし、前例のない六本木ヒルズをつくったのです。

六本木ヒルズは森稔という類いまれなプロデューサーと、彼の強い意志がなければけっして実現することはありませんでした。

〃まだないもの〃の誕生を支えるのはビジョンである。六本木ヒルズはその生証人です。

↓強力なビジョンが前例なき挑戦を支える

森さんは 笑顔が このうえなく
チャーミングな人だった。
嬉しそうに 夢を語る
こどものような 笑顔を見たら
誰だって ファンにならずにいられない。
世界にひとりの、愛すべき人だった。
森さんは もういない。
だが 彼の遺伝子は いまも
そこかしこに 息づいている。

05

ビジョンの出発点はパーソナルな欲望

「人と音楽のつきあい方を、より自由に、より快適に変えたい」と考えたスティーブ・ジョブズも、「東京に世界レベルのコンパクトシティをつくりたい」と考えた森稔さんも、けっしてマーケティング資料からそう考えたわけではありません。

着想の種は、デスクに山と積まれた資料の中に隠れてはいないし、コンピューターがプレゼントしてくれることもありません。ユーザーに聞いても答えはないし、競合他社の動向を分析しても得られません。

クリエイティブなビジョンとは「欲望」だからです。

それは経験に育まれた問題意識と創造的な野心の結晶であり、すべては血の通った人間としての、つくり手個人の思いと情熱からはじまります。すなわち〝まだないもの〟を生み出すビジョンとは、〝オレがそうしたいんだ〟というつくり手のパーソナルな欲望であって、マーケティングが与えてくれるようなものではないのです。

クリエイティブなビジョンには、かならず個人としての思いが内包されています。人の創造意欲を支えているのは、社会はどうあるべきと考えるか、どんな価値観のもとにどんな生き方をめざすのか、といった個人としての問題意識なのですから、とうぜんです。

言い換えれば、アイデアの源は経験にしかない、ということです。つくり手の、個人としての経験です。そのプロジェクトがどんなに社会性の大きな事業であっても、創造性を支えるモチベーションは本来的にパーソナルなものであり、またそうあるべきです。

パーソナルな欲望にはリアリティがあります。スティーブ・ジョブズの欲望も、森さんの欲望も、ともにある種の身体感覚を伴うリアルな実感であって、けっしてバーチャルな神学論争ではありませんでした。この生々しいリアリティこそが、プロジェクトの説得力と強度をつくる源泉です。

つくり手の揺るぎない信念と強固な意志がプロジェクトに〝熱〟を送り込むのです。

ビジョンとはまさしく〝情景《シーン》のイメージ〟であって、理屈というより〝映像〟に近いものです。スティーブ・ジョブズの頭の中にはiPodを腕に巻いてジョギングする若者の姿があったでしょうし、森さんにはグローバルな人材が行き交うにぎやかな街並みの情景がくっきりと見えていたことでしょう。

映像は論理ではなく直観に属することがらですから、理屈だけでつくることはできないし、調査レポートや分析データから演繹的に導き出すこともできません。

逆にいえば、頭の中の抽象操作だけで到達したアイデアは使い物にならない、ということです。仮にそのときは尖ったものに見えたとしても、すぐに馬脚を現します。欲望のリアリティや〝熱〟は観念の操作ではつくることができないからです。

ビジョンを世に問う。世界にぶつける。

それがクリエイティブなプロジェクトの本質であり、レーゾンデートルです。プロジェクトとはビジョンを実現するプロセスにほかなりません。

プロジェクトの強度はビジョンの強度が支配します。そしてそのアイデアが突破力をもつか否かは、つくり手のモチベーションの強さに依存します。つくり手の思いと情熱がプロジェクトの説得力を決めるということです。つくり手自身が「じつはぼく、どっちでもいいんですけどね」などと考えているようなプロジェクトが、力をもつわけがありません。

→揺るぎない意志が「熱」になる

06

アイデアは「なぜ？」から考える

プロジェクトの芯になり得るアイデアとはどのようなものか。

ひと言でいうなら、それは〝なぜ、なんのためにつくろうとしているのか〟に由来する『プロジェクトの思想』です。

そのプロジェクトはなぜ存在するのか、どんな価値を送り出そうとしているのか、意義はどこにあるのか……。

ここに「なにを」がないことに注意してください。〝まだないもの〟を生み出すアイデアとは「なぜ」にかかわる制作動機であって、〝なにをつくるか〟というメニューやコンテンツの話ではないのです。

社会的・文化的な意義にかかわるプロジェクトの『命題』、めざす地平を展望するプロジェクトの『意志』、つくり手の経験がもたらすプロジェクトの『問題意識』……、それらが綜合されたものがプロジェクトの『思想』です。

創造的なプロジェクトとは、新しい〝なにか〟を世に問う試みです。ただし、その新しい〝なにか〟とは、メニューやコンテンツではなく問題意識であり、プロジェクトを〝まだないもの〟に導くアイデアとは、つくり手の根源にあるモチベーションなのです。社会になにを問いたいのか。従来のやり方のなにを変えたいのか。どんな情景を現出させたいのか……。

個人の経験と記憶のアーカイブから潜在的な問題意識を引き出し、連想をつないでひとつの概念へと昇華させる。アイデアとはそうして生まれるものであり、それが創造への薪になるのです。

重要なことは、プロジェクトにアイデアが宿った段階で、それがプロジェクトの〝遺伝子〟になるということです。遺伝子にはプロジェクトの将来がプログラムされています。実際にどんな子が生まれ、どんな風に育つかは育ててみなければわからないけれど、少なくとも遺伝的な情報はすでに書き込まれているわけです。

プロジェクトはなぜ存在するのか、どこに向かうのか、どんな価値を送り出すのか……、それがプロジェクトに書き込まれるべき遺伝情報です。繰り返し言いますが、それは「なぜ」にかかわることがらであって、「なにを」ではありません。

遺伝子がそうであるように、「なぜ」は固有で不変です。プロジェクトの動機と目標を定めるものである以上とうぜんで、存在理由がいくつもあるわけがないし、コロコロ変わるはずもありません。言い換えれば、遂行途上で「なぜ」が意味を失ったときは、プロジェクトを続ける意味も同時に消失するということです。

しかし「なにを」はちがいます。「なにを」は目的ではなく手段だから、いくつあってもいいし、いくら変わってもかまいません。「なぜ」は不動ですが、そこに向かう道筋は修正されていい。というより、状況の変化にあわせてたえずレビューと修正が繰り返されるべきものです。

山頂はひとつだけれど、そこに向かうルートは幾通りもあるでしょう。それを選びながらプロジェクトを進めていくのがプロデューサーの役割です。

創造的なプロジェクトとは、〝走りながらつくり、つくりながら考える〟ものなのです。

↓ 問題意識が創造の薪となる

07

「分析」でプロデュースはできない

ビジョンが自己の問題意識とパーソナルな欲望の帰結である以上、自分以外にベンチマークはないと覚悟しなければなりません。

もとより創造的なアイデアとは絶対的なものであって、相対的なものではない。繰り返しお話ししているように、クリエイティブなプロジェクトとは、競争相手との比較優位に基づく相対価値をめざすものではないし、ビジョンを支えるつくり手の欲望や情熱も、先行事例や競争相手とは関係がありません。

これはすなわち、いわゆるMBA型の分析的なアプローチではうまくいかないことを意味します。問題点を発見し、それをつぶす。それがMBA型マネジメントの基本原理です。ゆえに、自ずとベクトルは過去を向き、〝分析〟という方法論に向かいます。

市場環境や業界の動向、その企業の置かれている状況や抱えている課題などを時系列的に把握して問題点を見出し、どうすればそれをつぶせるかをロジカルに考える。このように客観的な目でものごとをとらえ、マイナスをゼロにする、あるいはプラス2をプラス5にするといった分析的な態度、MBA的なアプローチでは、〝まだないもの〟に近づくことはむずかしい、少なくとも遠回りだとぼくは考えています。〝マーケティング〟も同様です。MBA的なアプローチは科学的です。科学的だから、再現性がある。言い方を変えれば、だれがやってもおなじようにできる〝システム〟です。

一方、クリエイティブなモノづくり、コトづくりのいちばん根っこにあるのは、個人の体験や思い、欲望です。それを世に問うために、強い意志をもって成し遂げようとするのがプロデューサー。そうでないならプロデューサーはいる意味がありません。

ものごとを科学的に処理していくのはマネジメントではあっても、プロデュースではない。ぼくはそう思います。

アイデアとは意志です。モノづくりであれコトづくりであれ、計画思想はDevelopmentすべきものであって、Researchの成果として生み出し得るものではないのです。

↓ベンチマークは自分

08

「オタクのカリスマ」の哲学とは？

Researchとは無縁、ひたすら独自のDevelopmentを進めることで次々と自社製品をヒットさせ、文字通りワン&オンリーのポジションをキープしつづけているクリエイティブ集団があります。

ガレージキット、食玩、フィギュアの世界で圧倒的な存在感を放つ海洋堂です。みなさんの中にも海洋堂製のフィギュアを手に取り、その出来映えに驚いた経験がある人も少なくないでしょう。

海洋堂はチョコエッグで一世を風靡し、日本に食玩ブームを巻き起こしたあと、最近では大英博物館をはじめ活動の場を海外にも広げています。スティーヴン・スピルバーグの映画『ジュラシック・パーク』で恐竜のコンピュータグラフィックスをつくるとき、参考にしたのが海洋堂の恐竜フィギュアだったと言われるくらい、その精度は群を抜いています。その海洋堂を率いるのは宮脇修一さん。やはりぼくがリスペクトしているプロデューサーのひとりです。

宮脇さんは由緒正しい〝オタクの中のオタク〟だから、その感性は巷のビジネスマンとは対極にあります。彼はいっさいマーケティングに頼らないし、頭の中には同業他社も競合製品もありません。

宮脇さんにははじめから『比較優位』の概念がないのです。あるのは絶対的な価値だけ。それが唯一無二の存在感となって、他を寄せつけません。

宮脇さんをつき動かしているのは〝日本に真のフィギュア文化を根づかせたい〟との志です。それが自らのミッションだと考えているのです。

なにをつくるのか、なぜつくるのか、どのようにつくるのか……。すべては宮脇さんのフィギュア観に照らして決められます。海洋堂にそれ以外の行動原理はありません。宮脇修一という男の哲学と美意識だけを頼りに舵を切る。海洋堂とはすなわち宮脇さんの生き方そのものなのです。

だから、どこを切っても海洋堂、どこを切っても宮脇修一。けっしてブレることはありません。宮脇さんが信じているのは自分の美意識だけ。自分が欲しいもの、つくるべきだと思うものをつくる。それだけです。

しかし、だからといって、売れなくてもいいと考えているわけではありません。まったく逆で、宮脇さんは売れるかどうかを真っ先に考えるし、売れると思うものしかつくらない。まずは社会の隅々にフィギュアを浸透させることをしなければ、取るに足らないものとバカにされてきたフィギュアを世間に認めさせることはできないからです。

底流にあるのは彼独自のフィギュア観です。〝フィギュアとはなにか〟〝フィギュアはこうあるべきだ〟〝フィギュアをこう変えたい〟……。

前にも聞いたような気がしませんか？　そうです。「フィギュア」を「都市」に置き換えてみてください。すぐれたプロデューサーはみなこうして発想し、こうして世界と向きあっているのです。

↓プロデュースとは「生き様」

ぼくは宮脇さんを信頼している。

信用ではない。

信用とは実績による格付けだが

信頼は人間性の領域にある。

信用は過去を

信頼は未来を向いている。

未来をともにできるのは

信頼できる相手だけだ。

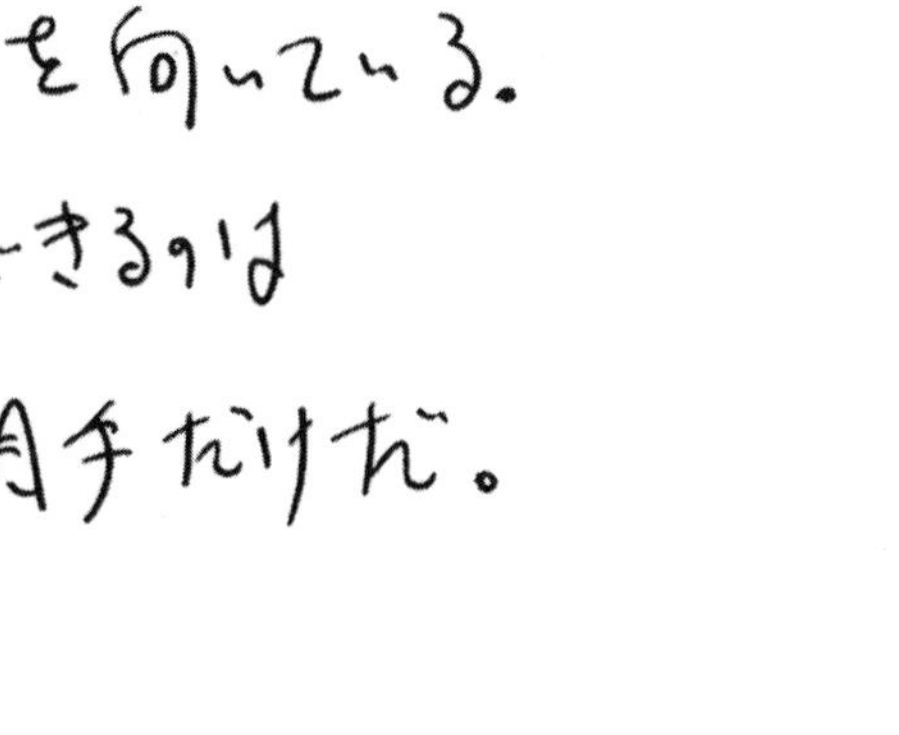

CHAPTER 02

腹をくくって、構える

09

なにが欲しいかは聞かない

買い手に〝欲しいもの〟を聞き、それをそのまま提供したところで、驚いてはくれません。出されたものがどんなにすぐれていても、イメージしていたものが出てくるだけでは日常《ルーティン》の出来事にすぎないからです。

期待を損なわなければ「納得」しますし、よほどすぐれていれば「感心」してもらえるかもしれません。でもなかなか「感動」には至らない。

前章で紹介した海洋堂のヒット商品に「リボルテックタケヤ」というシリーズがあります。竹谷隆之さんという原型師が手掛けた仏像のフィギュアで、なんと手足が自在に動きます。阿修羅や金剛力士がまるでバービー人形のようにポーズを変える。はじめて見たときは呆気にとられました。仏像が動くなんて、空想したことさえなかったからです。

宮脇さんはユーザーアンケートでこれを思いついたのでしょうか？　もちろんそんなはずはありません。アニメ好きのフィギュアオタクになにが欲しいかを聞いたところで、仏像という答えはぜったいに返ってこないでしょう。

宮脇さんは著書の中でこう言っています。

「お客さんの好きなものをつくるのではなく、お客さんが見たこともないもの、好きになるもの、楽しいもの、欲しくなるものを僕らが生み出し、発信していきたいんです。いうなれば、お客さんに聞くのではなく、「お客さんに教えてあげよう」という〝超上から目線〟です」（『「好きなこと」だけで生きぬく力』WAVE出版）

だれだって売れるものをつくりたい。だからみんな「買いたいものはなんですか」と問いかけ、期待に沿うものを開発しようと考えます。でも海洋堂は「なにが欲しいか」をユーザーに聞きません。熱狂的なファンが大勢いるのだから、彼らの意向を調べて商品開発を進めれば、かなりのリスク低減が図れるはずですが、そんなことは微塵も考えていない。買い手に「欲しいもの」を聞き、それをそのまま提供したところで感動も感激もないじゃないか。おそらくそう考えているのだと思います。

誤解されると困るのですが、ユーザーがなにを求めているかを考える必要はない、と言っているわけではありません。逆です。どうすればユーザーの共感を得られるかを考えないかぎり、プロジェクトはぜったいに成功しません。それがプロジェクトの出発点です。

しかし、「なにを欲しているかを考える」ことと、「なにが欲しいかを聞く」のは似て非なる態度です。

かつてヘンリー・フォードはこう言いました。

「もし私が顧客に、彼らの望むものを聞いていたら、彼らはもっと速い馬が欲しいと答えていただろう」。

↓

「感心」の先に「感動」はない

10

オリジナルの着想と技で勝負する

「競合する製品・サービスより安くて便利なものをつくる」ことから、「オリジナルの着想と技で、世の中に〝まだないもの〟の誕生をめざす」ことへ発想を変えてみる。そっちの道を選んだ瞬間、おもしろいようにライバルが視界から消えていきます。

比べる人や比べるものがなければ、競争原理は働きません。競合商品を分析する必要もないし、競合相手を気にすることもない。ライバルは存在しないのです。

ぼくは小学校六年からロックを聞いて育ちました。ビートルズが解散し、大阪万博と出会った1970年でした。ロックミュージックが全盛期を迎えた70年代をリアルタイムで経験することができて、とても運がよかったと思います。ぼくはいまオヤジバンドでギターを弾いていますが、それもこの時代のロック体験が強烈だったからです。

そんな70年代初頭にスターダムにのぼりつめ、いまも世界中で聞き続けられているギタリストのひとりにカルロス・サンタナがいます。サンタナは、60年代後半に新鮮なラテンフレイバーのサウンドで鮮烈なデビューを果たし、二十代前半にして独自の演奏スタイルを確立したギターヒーローです。デビュー以後、半世紀にわたってトップギタリストのポジションを守り続けています。

サンタナは世界にひとつの〝自分だけの音色《ねいろ》〟をもっています。ほんの何秒か演奏を聞いただけで、だれもがすぐに彼だとわかる。いつ切ってもどこを切ってもカルロス・サンタナ。まるで金太郎飴です。彼はその独特のスタイルを、数十年間守り続けているのです。

一方で、まったく対照的なギタリストたちがいます。どんな注文にも即座に応え、いかなるスタイルでも完璧に演奏できるスタジオミュージシャンです。彼らは、譜面を渡されれば、ジャズから演歌まで、初見でみごとに弾きこなす。ジャンルを問わず、あらゆる曲をプレイできる高い技術力を備えています。

サンタナもスタジオミュージシャンも、ともに腕は一級です。でも両者の価値は決定的にちがう。

取り替えがきかないサンタナにはライバルはいません。サンタナの音が欲しければサンタナに頼むしかないからで、他のプレイヤーと比較して優劣をつけられることがない。はじめから競争原理が及ばないのです。

ところが、抜群の技術力を誇るスタジオミュージシャンたちは、比較と競争から逃れることができません。同水準の技術力をもつライバルがひしめいていて、その人でなければならない理由がないために、けっきょくは要求通りの演奏を弾きこなす器用さを売りにするほかないからです。

肝心なことは、だれもサンタナの代わりはできない、ということ。彼は自分の作法を変えません。

たったひとつの技だからこそ、音に独特の〝匂い〟が残り、それが強烈な存在感になるのです。

↓

自分だけならライバルは消える

11

ときに常識を捨て、腹をくくってやり抜く

プロジェクトを進めていけば、かならず障害にぶつかります。そのとき、「これは乗り越えられない壁だ」「成功した前例がない」とあきらめてしまったら、そこで終わり。次の扉を開くためには、ときに常識から離れ、大胆に行動することも必要です。

進路を定める手がかりが見つからない、どっちに進めばいいかわからない。そんなとき、ぼくはよく〝逆張り〟します。あえて普通のやり方の逆を行くのです。

『明日の神話』再生プロジェクトのときもそうでした。いま渋谷駅のコンコースに設置されている岡本太郎の巨大壁画です。１９６９年にメキシコで描かれたまま行方がわからなくなっていたのですが、２００４年秋にメキシコシティ郊外で発見され、日本にもち帰って修復・公開することになったのです。

計画段階で最初にぶつかった壁は輸送方法でした。ながらく放置されていたため、作品は激しく傷んでいます。そこかしこがひび割れ、穴があき、欠けていました。しかも大き

い。七分割されたパネル一枚の寸法は4・5m×5・5mで、貨物専用のジャンボ機にさえ入りません。鉄骨で輸送用の枠組みをつくり、貨物船の甲板を占拠して運ぶしかないけれど、日本までの長旅にはとても耐えられそうにない。〝作品を傷めずに運ぶ〟という美術品輸送の常識ではとうてい輸送は不可能で、八方ふさがりでした。

そこでとった方法は、まさに常識の正反対。作品を傷つけずに運ぶのではなく、逆に『解体』しようと考えたのです。どうせ縦横に亀裂が走っているのだから、それに沿って作品を分解しよう。そうすればコンテナに積めるじゃないか……。身体にメスを入れるがごとく作品に刃を立てるわけで、美術界の人たちから見たら言語道断のアイデアです。実際このプランを提案したとき、関係者はみな絶句しました。でもそれで輸送の問題は一挙に解決する。ほかに道はありません。だから迷わずそう決めました。

なにごとも起こらず、いつの間にか首尾よく終わっていた、なんていうプロジェクトはありません。立ち止まることを余儀なくされたら、乗り越える方法をさがし出し、腹をくくってやり抜く。それがプロデューサーの役目です。

↓

「掟破り」が不可能を可能にする

12

鉄則は嘘のないコミュニケーション

ぼくは営業をしません。事務所を大きくしたいとも思わないし、大きな仕事をたくさんこなしたいとも思いません。ご縁をいただいた意義のある仕事と丁寧に向きあいたい。そしてできれば、わずかでもそこに新しい価値を織り込みたい。そう考えているだけです。

プロジェクトの多くは、以前仕事をご一緒した方の紹介でご相談に見えることからはじまります。たいていは「いまこのようなことを考えているのだが、どう思うか」という相談です。それに対して、ぼくは思ったことを正直に言います。たとえば「いまはまだやめておいたほうがいい。あと三年ぐらい経ったら時機が来るかもしれないけれど」とか、「そのままやると、たぶんこういうことになってしまう。それならむしろこうしたほうがいいのではないか」などと、嘘偽りなくはっきり言う。

なかには予想外の展開に驚く方もいますが、多くの人は「これまでどこに相談しても、「それは良い企画だ。ぜひやりましょう、うちで」としか言われなかった。親身になって

考えてくれたのはあなたがはじめてだ」、そう言って信頼を寄せてくれます。結果として
そこからプロジェクトがはじまることも少なくありません。

ぼくがそうするのは、クライアントとプロデューサーの信頼関係がプロジェクト遂行にとってなにより大切だと思うからです。考えてみてください。クライアントが「アイツは油断がならない。足元をすくわれないよう本心は隠しておこう」と考えたり、プロデューサーが「いつハシゴを外されるかわからない。ここはひとつ保険を掛けておこう」などと警戒している状況で、チームがチャレンジングな試みに没頭できるわけがありません。それどころか、互いが腹を探りあう状況は、プロジェクトを座礁させる大きなリスクです。

プロジェクトとはクライアントとプロデューサーの共同事業であり、関係性の基本原理はパートナーシップです。互いに腹をくくって〝相手に乗る〟ことが必要で、その覚悟ももたずに最高のパフォーマンスを期待するのは、いささか虫がよすぎるように思います。浪花節と言われそうですが、それがぼくの実感であり、信念です。

仕事でいちばん大切なことはなにか。ぼくは誠実さだと思います。

ぼくは相手がクライアントであっても直言しますし、なにか言われたときも、そうすべきだという確信がもてない限り、黙ってそれに従うことはしません。ギリギリまで粘って、互いが納得できる最善の道を探します。それがプロとしての矜持であり、クライアントへ

の誠意の証だと思うからです。

ただし、いったん仕事をはじめたら、ぼくは〝クライアントの利益〟しか考えません。なにを〝儲け〟と考えるか、はプロジェクトによってそれぞれですが、そのプロジェクトがめざす〝儲け〟をひたすら追求します。

同様に、ぼくはプロジェクトメンバーに誠実を求めます。ぼくがプロデュースする現場では、嘘のないコミュニケーションが鉄則。相手が不愉快に思うかもしれないから言葉を飲み込もう、などといった気配りをする人より、考えていることを正直に口に出してくれる人のほうがずっと信じられるし、有用です。本音ベースの意思疎通ができる環境は、ミスコミュニケーションが起こりにくいというだけでなく、品質の低下を防ぎ、プロジェクトを座礁から遠ざけます。

この意味で、嘘のないコミュニケーションは、一種のリスクマネジメントといえるかもしれません。

↓本音はリスク回避の最良の手段

クライアントとのコミュニケーションは
とても重要で、むずかしい。
カルチャーが違うからだ。
価値観も、常識も、美意識も、
使っている言葉の意味さえも
おそらく違う。
だが特効薬はない。
嘘をつかない。誠実に臨む。
あたりまえだが、それしかない。

13

最初に描いたイメージに固執しない

プロジェクトとはゴールめがけて一直線に走るもの。あらかじめ〝最終形〟を設定し、そこに到達したらめでたく終了。そう考えている人が多いのではないかと思います。

たしかにハード・オリエンテッドなモノづくりはその通りで、ダム建設にしろクルマづくりにしろ、最初に目的物の姿形・仕様・性能を定め——これがいわゆる「設計」です——、実際に設計通りのスペックを実現できたらゴール。

この場合やるべきことは、ゴールに最短最速で到達するよう管理《マネジメント》すること。現在地とゴールが一本のラインでリニアにつながっているなら、とうぜんそうなります。これが俗にプロジェクトマネジメントと呼ばれるもののイメージです。

ところが、ソフト・オリエンテッドなプロジェクト、すなわちクリエイティブなモノづくりやコトづくりでは、かならずしもそうなりません。ダム建設なら設計通りのスペックを実現することで価値が保証されるけれど、たとえばテレビCMでは、絵コンテ通りの映像を完成させること自体に価値があるわけではないからです。問題はメッセージがきちんとユーザーに届くかどうかであって、宣伝効果が高まるなら、当初のプランからどんなに姿が変わっても問題ないし、むしろどんどん変えるべき。守るべきは制作動機《モチベーション》であって、設計仕様《スペック》ではありません。

当初にすべてを見通すことはできないし、最終的にどうなるかはやってみなければわからない。〝ノンリニア〟なんです。最初からぜんぶを固めようとしないほうがいいし、そうしたくてもできない。それがクリエイティブなプロジェクトの宿命です。

設計通りにつくることが目的ではない以上、とうぜんながら〝いまの姿〟を見ながら〝次の姿〟を模索していくというプロセスになります。

作業を進めるうちに、当初のイメージがそのまま発展していくこともあれば、とつぜんまったく別のイメージに飛躍することもあります。壁にぶつかって進路が変わることもあれば、じたばたしているときに想定外のアイデアを思いつくこともあるでしょう。

創造的なモノづくりをしたければ、当初頭に描いていたゴールのイメージに固執してはいけません。プロジェクトは生ものだと考えて、つくりながら考え、舵を切る。突発的に別のよいアイデアが浮かんだら、迷わずそっちを採用する。よりよい方法が現れたら、いままでのやり方を躊躇なく捨て去るべきです。

明確に最終形が見えているわけではありません。現状を見て次を考え、先へ行ったらその状態を見て、また次を考える。羅針盤はモチベーション。それが創造的なプロデュースのあり方です。

プロジェクトマネジメントの本には、プロジェクトマネジメントとは「期限内に」「予算のなかで」「計画通りに」実行されるようコントロールすること、と書いてあります。その通りですが、いちばん肝心なことが抜けています。それは「動機を満足させることができたか?」という視点。期限を守り、予算を守り、プラン通りに進行することは、手段であって目的ではありません。

プロジェクトをどうマネジメントしていくか。信頼すべきは、スペックではなく、モチベーションです。

↓ 守るべきはスペックではなくモチベーション

14 走りながらつくり、つくりながら考える

世の中に〝まだないもの〟をつくろうとするとき、大切なのは、いかにして自分の中に実感を取り込むか、ということです。

自分自身もまだ見たことがないわけですから、とうぜんながらイメージしている方法や手段の経験は本人にもありません。経験がないから、なかなかリアルな実感が得られない。でも、実感がないまま空想しているだけではプロジェクトはいつまでたっても観念の世界を抜けられません。

そういうときは、とにかく、試しにやってみる。

むずかしく考える必要はありません。無理のない範囲でいいのです。たとえば、モノづくりならスチロールやボール紙で簡単なモデルをつくったり、完成して実際に使われている情景を再現映像のように演じてみたりする。コトづくりなら、状況模型をつくってそこに立ち現れる情景をシミュレーションしたり、場合によってはやろうとしている方法論を

ギリギリまで単純化して倉庫でリハーサルしたりする。

肝心なことは〝手を動かして実際にやってみる〟ことで、机上の、あるいはコンピュータ上のシミュレーションとはまったく意味が違います。実感の手がかりをつかむためにやるわけですからとうぜんで、身体感覚を伴わないシミュレーションではやったうちに入りません。脳味噌で概念的に考察するのではなく、いわば〝手で考える〟のです。

「案ずるより産むが易し」で、実際にやってみると意外に簡単で楽しいのですが、なかなか踏み出せない人が多いようです。「実際につくってみる」のは、机上のシミュレーションでリアリティが検証された後に、具体的な製作段階に入ってから行うものという固定観念に取り憑かれている人もいるでしょう。

多くの人は、プランニングとは理詰めで積み上げるべきものであり、演繹的に導き出された結論しか説得力をもたない、と考えているのではないでしょうか。要するに、コンピュータが行う解析が上等で、糊とボール紙で出来たものは下等だというイメージです。もしそう考えているとしたら、はやくそこから自由になってください。

建築家はいったいどのようにしてアイデアを固めていくのでしょうか？

言うまでもなく建築家の仕事は図面を描くことです。図面は、設計という作業を記録するメディアであり、ゼネコンに設計の意図と内容を伝える言語であり、設計品質を証明する保証書です。建築家はクライアントに成果品として図面を提出し、引き換えに報酬を受け取ります。

しかし、建築家はいきなり図面を描きはじめるわけではありません。頭に浮かんだイメージやアイデアの断片をスケッチに描き起こし、それをシンプルな模型にします。発泡スチロールなどでつくる〝スタディ模型〟といわれるもので、つくっては壊し、壊してはつくることを繰り返しながら、アイデアをまとめていきます。

おなじ模型でも、コンペに提出したりクライアントに説明するための〝プレゼン模型〟とは意味も役割もまったくちがうわけです。プレゼン模型は「見せる」ためのものですが、スタディ模型は「考える」ためのもの。建築家は、模型というツールを使って、身体感覚でリアルな実感をつかんでいるのです。

つくりかけの模型を手に取って、人の目線の高さでの見え方を確かめたり、模型をグルグル回していろいろな角度から眺めたりしながら、三次元の空間を疑似体験し、問題点を探っていく。その場で壁の位置を別の場所に移してみたり、一部を壊して寸法・形状のちがう部材に差し替えてみたりします。

パソコン画面の上で抽象的に思考するのとちがって、手で考え、直観で判断するわけです。理屈や能書きの段階で足踏みするくらいなら、つくったほうが早いし、正しい判断ができます。建築家たちはそれを知っているから模型で考える。〝まだないもの〟の「最初の形」をつくるとき、この方法はとても有効です。

↓手を動かすことで実感を取り込む

黒川紀章は
一万人を収容するスタジアムの模型を
そうめんでつくった。

岡本太郎は
太陽の塔の石膏原型で黄金の顔を
鍋のフタで代用した。

借り物でもいい。ガラクタだっていい。

「最初の形」をリアルな実感として
つかむこと。

CHAPTER 03

チームを起動し、味方に引き込む

15

ギリギリまで絞って、「これだけ」に賭ける

プロジェクトの核をなすコンセプトは、もとになったアイデアそれ自体と同様に、できるだけシンプルなほうがいい。

「どんな要望にもある程度応えられるようにしておこう」

「とりあえずすべて網羅しているように見せよう」

「念のためどちらにも解釈できる余地を残しておこう」

そんなふうに考えたくなりますが、そこはひたすらガマン。あれもこれもと欲張ると、けっきょくなにをやりたいのかわからない、中途半端なものになってしまいます。

プロジェクトにとっていちばん大事なのはシンプルであること。シンプルとは優先順位がはっきりしていて曖昧さがない、という意味で、〝イージー〟とはちがいます。どんなジャンルであっても、力のあるプロジェクトは例外なくシンプルです。

逆にいえば、保険を掛ければ掛けるほどパワーは落ちていく。力のあるプロジェクトに

したければ、曖昧さを削ぎ落としたシャープなコンセプトにするしかありません。削っていったときに最後に守るものはなにか、なにさえあればアイデンティティーとオリジナリティーをキープできるか。

それを考えながら、ギリギリまで絞り込み腹をくくって〝これだけ〟に賭けるのです。

岡本太郎のパートナーだった伯母・岡本敏子の葬儀をつくることになったとき、ぼくは〝言葉で送る〟ことにしました。秘書だった敏子は、太郎の口からほとばしり出る言葉を必死にかき集め、多くの著作を残しました。彼女は生涯、言葉で太郎を支えた。だから言葉で送ろう。そう考えたのです。

会場の青山・スパイラルホールに入ると、前方にまっすぐ光の道が伸びています。視線の先では敏子が嬉しそうに微笑み、その奥にこちらを振り向く太郎が浮かびあがっている。透ける素材を使っているので、前後に吊られた二人の姿が同時に目に入ります。葬儀の遺影に他者が重なって見えるなど、常識ではあり得ませんが、それこそが太郎と一体に生きた敏子にふさわしい送り方だと考えたのです。

参列者には入口でカードを渡し、敏子に贈る言葉を書いてもらいました。これが「記帳」で、その言葉を、参道正面の光のテーブルに手向けてもらう。これが「焼香」です。光の参道の中央には光の輪があって、その中に入ると、太郎のことを嬉しそうに話す敏子の声が聞こえてきます。

このように、徹底して言葉だけで構成しました。演出の骨格は、時間を象徴する光と、二人の遺影と、敏子の言葉だけ。祭壇もなければ、花さえありません。

やはり太郎作品で飾ったほうがいいんじゃないか、映像で臨場感を盛り上げてはどうか、ぜひ敏子さんに捧げるパフォーマンスをやらせて欲しい……。いろいろな声がありましたが、いっさい使いませんでした。ギリギリまで削りに削り、最後に抽出した〝これだけ〟に賭けたのです。

一般的な葬式のフォーマットとはかけ離れていますが、だからこそ岡本敏子にふさわしい送り方ができた。だれも経験したことのない、最初で最後の送り方だったからこそ、忘れられない体験になりました。

「やるべきだ」とか「やったほうがいい」ということなら、無数にあります。しかも、たくさん盛り込むほどうまくいくような気がするし、安心できるものです。「これも入れておきたい」「あれも入れるべきだ」という誘惑に打ち勝つのは並大抵のことではありません。絞れば絞るほど不安が増幅し、自分はバカなことをしているのではないか、という気分になってきますが、そこが踏ん張りどころ。欲張ったら相手に伝わりません。

プロジェクトの成功にはシンプルさが不可欠で、シンプルな構図を描くためには明快な動機と強固な意志が必要です。
自分の安心を手に入れるためにシンプルさを手放すのは、本末転倒です。

↓

コンセプトはシンプルなほど強い

16

ビジョンは迷いのない言葉で伝える

プロジェクトメンバーが決まったら、まずは彼らにプロジェクトの〝旗〟を見せます。そのプロジェクトがなぜ必要なのか、どこに向かおうとしているのか、どんな情景を現出させたいのか、社会になにをもたらしなにを変えるのか……。つまりはプロジェクトのビジョンです。

それをストレートで迷いのない言葉に翻訳し、誤りなく伝える。プロジェクトのスターティングブロックになるとともに、社会に向けた〝プロジェクトの顔〟になるからで、単純明快で、心に響く、突破力のある骨太の言葉でなければなりません。

大切なことは、かならずしも語る内容の完成度ではないし、論理的な整合性でもありません。そのプロジェクトにはどれほど大きな意義があるのか、社会にどれほどエキサイティングなメッセージを送り出そうとしているのか、それに参加する者にはどれほど刺激的な体験が待っているのか……、そうしたプロジェクトの魅力を熱く語ることです。

プロデューサーにとっては勝負の瞬間です。プロジェクトの意義、立脚する価値観、基層にあるモチベーション、つくり手としての情熱……、こうしたプロジェクトの精神《スピリット》にメンバーが共感し、共有できるかどうかでその後の推進力が大きく変わるからで、この意味では、伝えるべきは「情報」というより、むしろ「意志」に近いというべきかもしれません。プロジェクトメンバーに対して、ぼくは繰り返しビジョンを語ります。それはもうくどいほどで、おなじ言葉をなんども彼らにぶつけます。

ぼくの言うことは判で押したようにおなじだ、と言われることがよくありますが、企業経営者にもそういうタイプが多いと聞きます。メンバー全員がめざす価値を共有するためには、くどいくらいおなじ言葉を繰り返さなければならないことを、経営者の方々も身をもって実感されているのでしょう。

六本木ヒルズアリーナの開業準備を進めているときも、ぼくは毎日のようにプロジェクトの理念を語りつづけました。「ぼくたちが目指すのは、〝アイデアの生まれる街〟にふさわしい〝新しい都市の広場〟をつくりだすこと。それは行くたびにちがう刺激を与えてくれる広場だ」「世界にも例がない〝新しい都市の広場〟を提案しよう」。

新しい都市の広場。それがプロジェクトの〝旗〟、つまりコンセプトの核でした。

プロデューサーとプロジェクトメンバーのコミュニケーションは、プロジェクトが終わるまでつづきます。なかでも、とりわけ立ち上がり段階でのやりとりはとても重要です。この段階の対話がメンバーのモチベーションを大きく左右するからです。

プロジェクトでは、なにより参加者のやる気と情熱が鍵になります。そのプロジェクトには意義がある、そのプロジェクトはおもしろい、とメンバーに思わせること。それこそがプロデューサーに期待されるもっとも大切な仕事です。

すぐれた軍事的才能でプロイセンの強国化を進めたフリードリッヒ大王はこう言っています。

「指導者としてもっと重要なことは〝一生懸命になる動機は何だ？　どんな理由で次の道を栄光に向かって突き進むんだ？〟を教えることである」

→メンバーに「おもしろい。意義がある」と思わせる

– Simple –

『旗』は単純明快でなければ
役に立たない。

欲しいのは、突破力のある骨太で
シャープな簡潔さだ。

直観でスパッとわかる哲学だけが
旗になる。

説明しやすいかどうか、ではない。

"シンプル"と"説明しやすい"は
似て非なるもの。

説明のために存在するプロジェクトはない。

17

全員が自由に考えをぶつけあう空気にする

プロジェクトの遂行に適しているのは、ピラミッド型ヒエラルキーに基づくトップダウン型組織である。多くの人がそう考えているのではないかと思います。たしかに、限られた時間と種々の制約の中でミッションを達成しなければならないわけですから、普通に考えれば軍隊型の「命令—服従」系がいちばんです。

厳格な上下関係と明快な指揮系統。シンプルな規律と単一の価値観。

実際、ゼネコンの現場はそうなっています。作業所長をトップに、ゼネコン社員の監督、サブコン企業の職長、現場の職人たちが明快な階層をつくり、「いつ、なにをするか」はすべて「指示」という形で階層構造を下りていきます。企業組織の多くも、この種の階層構造がベースでしょう。

ハード・オリエンテッドなプロジェクトなら、たしかにこのシステムは合理的です。余計なことは考えず、全員が一丸となってひとつの機械《マシン》のように動くためには、軍隊型がいちばんです。

しかし、〝まだないもの〟、新しい価値をつくろうとするプロジェクトでは事情がちがいます。「なにをつくるか」がはじめから定まっているわけではないし、走りはじめてからもつねにそれを考え続けねばならないからで、創造的な営みを保証し誘発する構造を、組織として内包していなければなりません。たとえシンプルなトップダウンにしたくても、そうはいかないのです。

走りながらつくり、つくりながら考える。〝いま〟を見ながら〝つぎ〟を模索する。だからアイデア歓迎。提案歓迎。異論反論大歓迎。

ゴールを探す営みでは、創造的な思考を活性化させる環境が不可欠です。メンバーの前向きな発想を引き出し、活発に議論する土壌を整えます。それを担保するのはルーズでフラットな関係性。上位の者が部下に「指示」する回路しかもたない組織では、創造的なアイデアは広がりません。

メンバーも「自分の考えをそのままチームにぶつける権利がある」と考えるべきです。他のメンバーはもとよりリーダーにさえも、意見が反対ならそれを堂々と主張してよいのです。いつでも異論を提起していいし、別のプランを提案していい。それはメンバーの権利であると同時に、義務でもあります。

プロデューサーは、「全員が自由に考えをぶつけあうことが権利であり、義務である」というメッセージをメンバーに送ることが大切。異を唱えることで、立場が脅かされるようなことはあってはならないし、ましてそれを理由にプロジェクトから外されることなどけっしてないことを、態度をもって示すのです。

異を唱えてよいということは、言葉を換えれば、自分の信条や美意識をねじ曲げる必要がないということ。クリエイティブな人間にとってこれは決定的な問題で、モチベーションを大きく左右するきわめて重要なファクターです。

「おまえは余計なことは考えなくていい。言われた通りにやっていればいいんだ」と威圧するリーダーの下で、創造的なモチベーションをキープできる人はいません。

参加メンバーの創造性をリスペクトする。プロジェクトのリーダーはこの原則を徹底しなければならないし、外から見たときにも「あのチームはそういう人たちの集まりだ」という気配を放つようでなければ、けっきょくはうまくいきません。

↓
意見が反対なら堂々と主張できる土壌が価値を生む

18

思考と価値観の自由を保証する

メンバーが相互にアイデアをぶつけあうためには、とうぜんながら、アイデアにぶつけあうだけのバリエーションがなければなりません。全員がおなじことを考えていたら、ぶつけたくてもぶつけるネタがないわけで、そう考えれば、メンバーの発想はできるだけバラけていたほうがいい、ということになります。

「一丸となって目標に向かうためには厳格な統治が重要であり、メンバーの思考や価値観もしっかりと統制しなければならない」。

これはプロジェクトマネジメントのひとつの考え方ではあります。思考と価値観を標準化することで組織への帰属意識を高め、チームの結束と安定を図りたいとの考えはよくわかります。みんながおなじことを考え、おなじように判断するシンプルな組織のほうがたしかに管理はしやすいかもしれません。

でも、創造性を目指すプロジェクトでそれをやるのは命取りです。

クリエイティブなプロジェクトでは、メンバーの思考や価値観には自由が保証されなければなりません。ミッションやビジョンは共有されなければなりませんが、個人としての思考や好みまでみんなにあわせる必要はないし、そんなことはすべきではありません。

ところで、メンバーが互いに遠慮なくアイデアをぶつけあうとはすなわち、他のメンバーのやることに口を出すことを意味します。

言うは易く、これはむずかしい。実際にやったら、軋轢を生むかもしれないし、ストレスも大きいでしょう。ゆえに、放っておくと、会議は「報告会」になります。担当役員が担当業務について社長に「報告」し、他の役員は黙ってそれを「傍聴」する企業の役員会のように、真ん中に坐るプロデューサーに向かってメンバーが順番に状況をレポートするスタイル、いわゆる「御前会議」です。

そうなったらアイデアは化学反応を起こさないし、活性化もしません。

メンバーは自分が担当する業務だけでなく、すべてについて考え、発言しなければなりません。担当がちがうから、という理由で遠慮したり思考停止することは許されないし、他のメンバーに対して「部外者は黙ってろ」という態度も許されません。

だれもが全体を考え、全体に参画する。それはプロジェクト参加者としての権利であり、責務です。

メンバーの思考と価値観の自由を保証する。互いにアイデアをぶつけあい、そのなかからみんなでゴールを探していく。

そうするためには、「プロジェクトとしての行動」を意志決定する機能が確立していなければならないし、チームとして行動するときの「行動規範」が必要です。言い換えれば、揺らぐことのない一貫した判断基準と、〝最後に決断する人〟の存在が不可欠です。

それこそがプロデューサーの役割です。リーダーがこの責務を果たせなければ、プロジェクトは烏合の衆となって漂流するでしょう。

もう一度言います。決断する人、それがプロデューサーです。

↓

アイデアの化学反応が起こる下地をつくる

19

決断こそがプロデューサーの最大の仕事

「いつ決まるのかわからない」「どうすれば決まるのかわからない」「いまなにが決まっていて、なにが決まっていないのかわからない」――。これがプロジェクトにとって最悪の事態です。

手待ちと手戻りを繰り返し、無為にエネルギーを消耗したあげくに、体力が落ちていく。多くのアイデアが水泡に帰すなかで無力感と絶望感がひろがっていく。メンバーの士気が急激にドロップし、前向きな情熱と意欲が萎えていく。プロジェクトは迷走をはじめ、やがて組織の内部崩壊へと進みます。

こうなったらもはや手遅れで、クリエイティブな成果をあげることはできません。最悪の場合、当事者にも事態が掌握できないまま漂流をつづけ、ついには予期せぬ形でクラッシュします。

原因は、もちろん意思決定のメカニズムが機能しなかったからなのですが、多くの場合、それはプロジェクトを率いる人間の資質に起因します。

不安と保身からなにも決められないまま無為に時間を空費する。趣味的なディテールに気を取られるばかりで、プロジェクト全体の進路を見通せない。時間切れが迫ってパニックになり、思考停止に陥る……。こうしたプロジェクトリーダーの下で、すべてがやっつけ仕事で終わるプロジェクトは少なくありません。

ぼくにも経験があります。当初ぼくも参画していたあるプロジェクトで、事実上のプロデューサーとしてキャリア官僚が乗り込んできました。とうぜん彼の下には決断を求める事案が次々に持ち込まれますが、門外漢の彼にはなにが起きているのかさえわかりません。素人が飛行機のコックピットに坐っても、自分がどこを飛んでいるのかわからないのとおなじです。

畑ちがいの自分にはムリだ。しかも決めたら責任を背負うことになる。こんなことでキャリアに傷をつけてたまるか。だから決められないし、決めたくない……。けっきょく彼はなにも決めませんでした。すべてを先送りして、宙ぶらりんの状態に放置したのです。

こうなると、もはやミッションどころではありません。とにかくカッコだけはつけなければ、となって、やっつけ仕事で中身のない〝ハリボテ〟をつくることになります。目先をなんとかごまかすことで精一杯ですから、思想も戦術もとうぜん吹っ飛びます。意味のある結果は望むべくもなく、空しい徒労感だけが残りました。

なぜプロジェクトがこんな情けないことになってしまったのか、端《はた》から見ただけではわかりません。それどころか、この官僚自身、問題の根源が自分の意思決定にあったことに気づいていないでしょう。だから責任の所在も曖昧なままです。

なにも生まず、だれも幸せにならないプロジェクト。なにが敗因だったのかさえ霧の中。世の中には似たようなケースが山ほどあります。

プロデューサーの最大の仕事は「決断」です。

多彩なアイデアの発現を誘発し、選択肢を俯瞰一覧したうえで、最後に決断する。決断したら、その遂行に向けてメンバーの技術とモチベーションを収斂させる。メンバーそれぞれに目標を与え、彼らが得意技を駆使して戦える環境をつくる。それがプロジェクトリーダーのあるべき姿です。

↓ アイデアを最大限に引き出し、最後に決断する

20

意志決定で重視すべきは明快さとスピード

プロジェクトの骨格《フレーム》を定めるとき、ぼくは起用したコアメンバーたちと座を囲み、彼らに自由に発想してもらい、角度の違うアイデアを集め、思考を深めます。

この時点でぼくの頭の中に確固としたアイデアが浮かんでいるときもあれば、まだ断片がモヤモヤしていることもあるけれど、いずれであれ、そのときはまだ口には出しません。それをやると、活発な議論がないままその案で決まってしまうからで、メンバーの思考意欲を奪ってしまうのは損です。

理由はもうひとつあります。プロジェクトのアイデアが「与えられたもの」「はじめからあったもの」ではなく、「自分もいっしょにつくっている」という実感をメンバーにもって欲しいから。それなしにメンバーのやる気を引き上げることはできません。

このとき大切なのは、いたずらにコアメンバーの数を増やさないこと。そして会議の参加者も必要最低限に絞ること。特別な事情がない限り、ぼくは彼らの部下でさえ参加を認めません。大事なことほど、少人数で議論するべきだと考えているからです。

大きなプロジェクトになると、会議室に何十人と座っていることがありますが、そんな場で密度の高い議論ができるはずがないし、ましてアイデアが創造的に膨らんでいくわけがありません。しかも、だれが責任をもつのかが曖昧になり、だれもが当事者意識を失っていく。その種の会議は責任分散とオーソライズの手続きにしか役に立ちません。

プロジェクトの意思決定でもっとも重要なことは、明快さとスピードです。

プロジェクトの推進力を維持するためには勢いが必要。プロジェクトが佳境に入ったら、直ちに決める、ズバッと言い切る、といったことが大切で、「慎重に検討を重ね」とか、「徹底した議論をつくし」などと言っていたらおもしろいものはつくれない。スピード感のある意思決定ができない状況がつづくと、実務進行の効率が落ちるだけでなく、メンバーのモチベーションも目に見えて下がっていきます。プロジェクト運営は本来的に少数精鋭が向いているのです。

こうしたプロジェクトの意思決定の場で発言する資格があるのは、プロジェクトを責任とリスクをもって全うする人間だけ。そうした人の発言以外には、ぼくは耳を貸しません。それはチームのコアメンバーたちもおなじだと思います。

〝口を出すだけ〟の人間を会議に参加させるべきではありません。そうした〝モチベーションブレーカー〟からメンバーを守ることもプロデューサーの仕事です。

企業内プロジェクトの場合、なかなかそうはいかないことは承知しています。しかし、プロジェクトの成功を望むなら、本質的な課題に資源と神経を集中し、プロジェクトの成功を担うメンバーの声がリスペクトされなければなりません。余計なことに気をつかわず、その会議の主題だけに神経を集中できる環境をつくるべきです。

なお、コアメンバーがそれぞれのアイデアをぶつけあいながらみんなでアイデアを磨いていくわけですから、とうぜんそのアイデアには所有者はいませんし、〝プロジェクトのアイデア〟はプロジェクトのものなので、署名もありません。

プロジェクトにとって、それがだれのアイデアかは問題ではないのです。チームでクリエイティブなプロジェクトを遂行するうえで、これはとても重要なポイントです。

「これはオレのアイデアだ」とひとりほくそ笑むのは構わないし、むしろそうあるべきなのですが、おおっぴらに他人に発想を誇るような者はメンバー失格です。まして自分に著作権があるかのように振る舞う者はメンバーにはできません。

↓リスクをとらない発言やアイデアを排除する

21

「これは自分のアイデア」と皆に思わせる

「これはオレのアイデアだ。オレのアイデアでプロジェクトが動いている。根幹を支えているのはオレの発想だ」――。

メンバー全員がそんなふうに思える状況がつくれたら最高です。創造的な野心が刺激されるから次々にアイデアが湧き出てくるし、モチベーションが沸騰するから推進力がちがってきます。なによりメンバーが生き生きして、現場が楽しく前向きな雰囲気になります。

1970年の大阪万博でテーマプロデューサーを引き受けた岡本太郎は、テーマ館の企画制作という大プロジェクトに向けて、自身の下に多くの若きクリエイターを集め、プロジェクトチームをつくりました。当時の内部打ち合わせのようすを記録した貴重な映像がNHKに残っているのですが、それを見ると、太郎がスタッフたちにプロジェクトの哲学を熱く語っているのがわかります。思いが先に立ってとても理路整然とは言いがたいけれど、「これを伝えたい」という熱い思いはビンビン伝わってきます。

たくさんのスタッフが食い入るように太郎を見ています。みな表情が生き生きしていて、高い士気が手に取るようにわかります。ところが、スタッフ同士で議論をはじめる段になると、太郎はいなくなってしまい、隣の部屋にいる事務の女の子をからかったりしていたらしい。岡本敏子がよく言っていました。議論も尽きて、さて結論をどうするか、というあたりでまたフラフラと戻ってきて、他人事《ひとごと》のように言います。

「で、どうなった?」

スタッフが経緯を説明すると、

「だったら、こうすればいいんじゃないか?」

などとまた他人事のように言って出ていくのですが、そのひと言がきっかけになって、いつのまにか結論が見えてくる。みなさんざん議論し尽くした後だから、太郎のひと言を聞いた瞬間に「これでいける!」とわかるのでしょう。

太郎は指示も命令もしていません。熱く哲学を語ったあとは、あえて放ったらかしにして、議論が進むのを待っています。

みんなで議論した末に結論に至るので、メンバーには自分たちで考え、自分たちで決めたという充足感が残ります。創造のプロセスに参画している、と実感できたでしょう。

クリエイティブなモチベーションを引き上げるうえで、これに勝る方法はありません。

こうして太郎は若い才能をフルに引き出し、歴史に残るテーマ館をつくったのです。

もちろん太郎は「これがオレの人心掌握術だ」などと意識していたわけではないでしょう。おそらく長い会議が退屈でガマンできなかっただけです。しかし、彼の言動はともに仕事をする者たちのモチベーションを掻き立て、創造性を引き出しました。

これはオレの現場《しごと》だ！

みながそう言いたくなる現場はたいていうまくいきます。だれしも経験があると思いますが、うまく運んだ仕事ほど、多くの人が「ああ、アレはオレの仕事だよ」「実はオレがやったんだ」「オレもちょっと絡んでたんだよね」などと言います。仕事とはそういうものです。ほとんど関係がなかった者までそんなふうに言い出す状況こそ、プロジェクトが成功した証です。現場にこうした空気が漂うプロジェクトには活気が満ちているから、どんどん良い方向に転がっていくし、やっている側も楽しい。

皆が前のめりになって、惜しみなくアイデアを出したくなるような空気をつくる。それができたらプロデューサーとして一人前です。

↓「一緒につくっている実感」が創造力を引き出す

22

「共感」で周囲を味方に引き込む

クライアントとプロジェクトチームはプロジェクトの共同遂行者であり、ともに試合を戦うチームメイトのようなものです。両者はフィールドでプレイヤーとして戦っていますが、球場には観客としてそれを見ている人たちもいれば、彼らにビールを売り歩く売り子もいます。観客にも敵味方がいるし、味方の中にも熱狂的な私設応援団もいれば、外野席で宴会をやっているグループもあります。

プロジェクトチームのもっとも近くに位置するのは「周辺協力者」たちです。プロジェクトをサポートしてくれる、もしくはその可能性がある人たち。彼らはプロジェクトを応援してくれるだけでなく、場合によってはスタンド席から降りてきて、ゲームに参加してくれることもあります。プロジェクトの周囲に彼らをうまく配置できれば、プロジェクトの可能性を広げたり効率を高めたりするのに有効なエンジンになります。

次のレイヤーにいるのが「周辺理解者」、プロジェクトを進めていくうえで理解を得ておきたい人たちです。ほかにもプロジェクトに資金や物品、役務を提供してくれる「スポンサー」、外部からアドバイスしたりオーソライズしたりする「アドバイザー」、行政的な手続きを担う「行政機関」など、プロジェクトのジャンルや規模によりさまざまなステークホルダーが登場します。プロジェクトはステークホルダーという伴走者とともに走るものであり、いかに彼らと良好な関係を築くかが大事です。

ただし、どんなに重要な役割を担っていようと、いかに協力的であろうと、彼らは正規の戦闘要員ではありません。指揮命令は及ばないし、成否にも責任がない。たとえ善意であろうと、彼らに〝異物〟を持ち込まれたらプロジェクトはダメージを避けられません。だからこそ、丁寧に説明し、本質を理解してもらうことが必要です。

彼らを味方につける最大の力は、〝共感〟です。そのプロジェクトにはどんな意義があるのか、成功すればなにが変わりなにが得られるのか、その先にはどんな光景が開けているのか――。成功への道筋と熱い思いをそのまま正直に語り、コンセプトレベルでの共感を得ることが大切。中途半端な計算や駆け引きをしても、損をするだけです。

↓中途半端な駆け引きはしない

そのプロジェクトは きっと
意義も価値もあるだろう。
だが残念ながら 周囲の人間は
かならずしも そう見ていない。
当事者が思い込んでいるほどには
関心は高くないのだ。
温度差は想像よりはるかに大きい。
そう考えた方がいい。
みんな応援してくれると
期待するのは あまりにナイーヴだ。

23

ビジョンを「物語」として語る

ステークホルダーのなかでもっとも気になる存在は、もちろん「ユーザー」です。プロジェクトの成否は、ひとえに彼らが満足するモノやコトを提供できるか否かにかかっているわけですが、それとは別のレイヤーで、もうひとつ大切なことがあります。プロジェクトの意味や意義をどのように説明するか、という問題です。モノやコトを送り出すとき、ユーザーに対していったいなにを語りかけたらいいのか……。

ありがちなのは、スペックをアピールすること。よく見かける「業界初！　〇万画素の解像度を実現」とか、「〇番組の同時録画が可能になりました」といった類いの宣伝文句です。

対して、音楽流通に革命を起こしたiPodが2001年に登場したとき、スティーブ・ジョブズはたったひと言、「1000曲をポケットに」と言っただけ。2005年には「iPod シャッフルはガムより小さいんだ」でした。

たしかにガチガチのハードなプロジェクトでは、スペックの優位性や信頼性をストレートにアピールすることが価値の本質を伝える近道でしょう。新型エレベーターを売り込むなら、まずは、安全、機能、スピードなどの性能を語るべきです。

でも、世の中に〝まだないもの〟を送り出そうとしているなら、そうはいきません。考えてみてください。もしiPodの魅力が「5ギガバイトのメモリーを搭載したFMも聞ける重さ185グラムの携帯用MP3プレイヤー」と説明されていたら、はたしてぼくたちはあれほど熱狂したでしょうか。

クリエイティブな価値で勝負しているなら、打ち出すべきはプロジェクトが社会に投げかけようとするビジョンです。「いままでなかったこんな情景をつくり出したい」「いままでの〝あたりまえ〟をこんなふうに変えたい」……。プロジェクトの底流にあるモチベーションをそのまま臨場感をもって伝える。「物語」を語りかけるのです。

スペックとちがって、物語は人の感性にダイレクトに作用します。人生のなかで培ってきた経験や記憶に働きかけてくるからです。

なかでもユーザーを突き動かす最強の物語は、〝変革への予感〟です。「コイツがオレを変えてくれるかもしれない」「コイツが経験したことのない世界に誘ってくれるにちがいない」……。そう思えたとき、人はその製品やサービスを特別な目で見るようになります。共感と愛着を感じる瞬間です。

このとき役に立つのがメタファー、すなわち〝たとえ話〟です。プロジェクトがめざしているものを、シンプルでわかりやすいストーリーに置き換えてメッセージするのです。

ここでもアップルは秀逸です。iPad2のテレビCMでは、こんなナレーションが流れました。

「もしも母親に尋ねたなら、それを表現力と言うだろう。ミュージシャンなら、ひらめきと呼ぶだろう。医者にとって、それは革新。経営者にとって、それは力。先生にとって、それは未来。子供たちは言うだろう。魔法のようだ、と。そして私たちは言う。それはまだはじまったばかりだ、と」。

もはや言うまでもないでしょう。いままでビジョンやモチベーションといってきたことと、ここで「物語」といっている概念は、ほとんど同義です。新しい価値をつくるプロジェクトとはすなわち、経験と物語のデザインにほかならないのです。

↓プロデュースとは「経験と物語のデザイン」

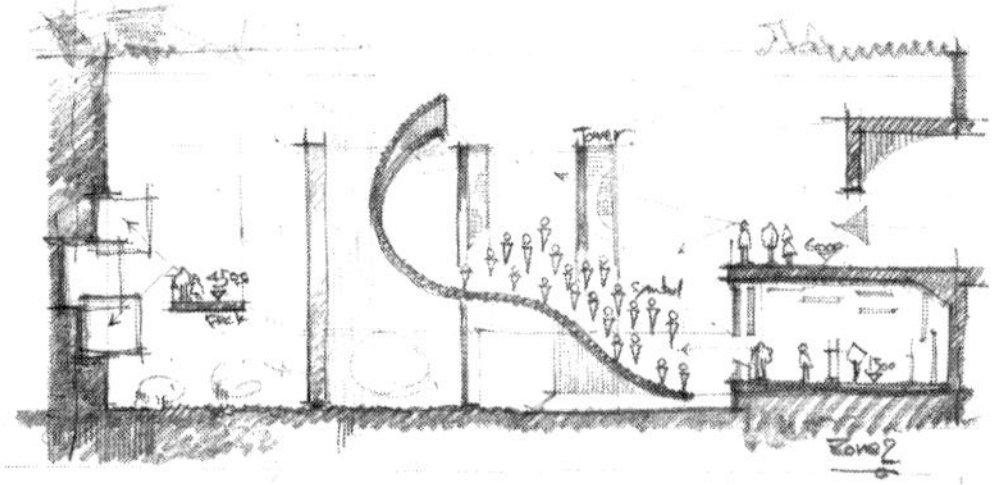

スティーブ・ジョブズは

アップルの理念と価値を表象する

アイコンとして自らを演出し、

ブランディングの推進力にした。

自身のカリスマを物語に仕立てた。

『ジョブズという神話』こそが

企業戦略の要だったのだ。

24

的確な状況判断で、キラーパス的プラン修正を行う

状況判断は、「いまなにが起きているのか」を知ることからはじまります。いま自分はどこに立っていて周囲はどんな状況なのか、試合運びはこれまでどう推移しこれからどうなりそうなのか、現状のなにがよくてどこがダメなのか——。

すぐれたサッカー選手は、フィールドを一瞥して戦況を俯瞰的に把握し、数秒後の状況変化を予測します。おなじように、プロジェクトリーダーは、ホットで生々しい情報が行き交う現場に赴き、断片情報を集めて綜合し、状況をひとつの全体像として掌握しなければなりません。天井カメラで見るように、図形的なイメージとして直観できたら最高です。

つづいて「次になにをすべきか」を考えます。誤解が多いのですが、状況判断とは「いまどのような状況にあるか」を判断することではありません。「将来起こるであろう状況に向けて、いまなにをなすべきか」を判断することです。現在の状況を正しく認識することは不可欠ですが、それは行動選択においては判断材料の一部でしかありません。地図上

で現在地を知るだけでは不十分で、向かうべき目標の座標とそこにアプローチする方法がわからなければ動きようがないし、なにより将来予測という決定的なファクターが抜けていては判断の根拠がありません。

必要なのは、自己の置かれた状況を見抜く眼力、次にどう動くべきかを見出す判断力、判断したことを実践に移す実行力、の三つです。サッカーもプロジェクトもおなじで、この三つの資質で運動能力が決まるのです。

プロジェクトでは、つねにその時点での己れの位置を見きわめ、周囲の状況と〝旗〟を見比べながら針路を修正しつづけねばなりません。鳥瞰的な視座から現在位置をつかみ、進路を定めるためには、情熱的に突き進みながらも、一方では冷静な状況分析が欠かせないのです。

↓
「現状把握力」「判断力」「実行力」がプロジェクトを進化させる

CHAPTER 04

人を束ね、惹きつける

25

現場に熱を送り込む

プロジェクトメンバーを自由に選べる環境にあるなら、とうぜんながらプロジェクトにふさわしいメンバーを選びます。

ではいったい、なにをもって〝ふさわしい〟と見なすのか。ぼくが真っ先に考えるのは、モチベーションです。ともにこのプロジェクトをやっていくに足るモチベーションをもち得るか。この一点です。

はたして彼はミッションに意義を感じるか？　ビジョンに共感するか？　アイデアに触発されるか……？

最初のふるいはこれで、パスする可能性が低いようなら、その時点で迷わずリストから外します。クリエイティブなプロジェクトにとって、参加メンバーの情熱とモチベーションほど重要なファクターはないからです。

企業内のプロジェクトにおいては、かならずしもプロジェクトリーダーにメンバーを選ぶ権限はなく、社内手続きで決められた陣容で臨まなければならないケースが少なくないと思います。その場合、当事者意識の低い者や、経験やスキルが必要な水準に達していない者が混入することもあるでしょう。

その際には、彼らに足りない部分をバックアップするメカニズムを準備し、スキルを育てる努力をすべきことはもちろんですが、それとともにもうひとつ大切なことがあります。それは、彼らの情熱とモチベーションを引き上げること。それがチームの創造性を高めるうえで最重要ファクターだからです。

リーダーはそのプロジェクトがいかに刺激と魅力にあふれているかを語らねばならないし、そのための筋書きをつくらねばなりません。メンバー全員がそのプロジェクトには価値があると納得できるだけの材料を用意しなければならないということです。

まずはリーダー自身が熱く燃えていることを見せなければなりません。リーダーが燃えていないものに参加メンバーが燃えるわけがない。プロジェクトのビジョンにリーダー自身が惚れ抜き、かならずそれをやり抜くという情熱と気概を見せること。リーダーにはそれが求められています。

現場の〝熱〟が、ときに個性が強くて使いづらい人材を、大きく化けさせることがあります。

大阪万博のテーマ館を思い出してください。岡本太郎の下に結集したスタッフはみな若く、個性的なデザイナーや技術者たちでした。万博クラスのディスプレイ空間をつくる経験やスキルなど、だれひとりもっていません。日本ではじめての万博だったのですから、とうぜんです。じゅうぶんな経験もスキルもなく、個性が強くて使いづらい。まさにそんな面々でした。実際「まあ、見ていてごらん。あのチームは一ヵ月で空中分解するから」などと言われていたようです。

しかし結果は逆。プロジェクトチームは、太陽の塔をふくむ壮大なテーマ館を、計画からわずか二年半でつくりあげました。成功要因ははっきりしています。メンバーたちが自らの創造力を出し切ったから、そしてそれらが化学反応を起こし、より高次の創造性に昇華したからです。

なぜそんなことができたのか。これもはっきりしています。大阪万博の熱量と、岡本太郎の熱量が、ダブルで彼らを暖めたから。大阪万博という空前の国家事業に参加できるという喜びのなかで、岡本太郎にモチベーションを掻き立てられたからです。その後、彼らはそれぞれの分野の第一線で活躍する人材になりました。

おなじように、プロジェクトが人材に磨きをかけ、大きな成長のゆりかごになることは珍しくないし、プロジェクトの成功を牽引するメンバーのだれもが、はじめから一級のプロというわけでもありません。

↓モチベーションの熱量が成否を決める

自らメンバーを選ぶにしろ、与えられたチームで戦うにしろ、プロデューサーの仕事は現場に〝熱〟を送り込むことだ、という一点において変わりはありません。

そのプロジェクトは本気で取り組むに値する価値がある。参画できてよかったと実感できるだけの意義がある。そう感じさせる物語をつくり、情熱的に語るのです。

26

メンバーは腕力、センス、統率力で評価する

コアメンバーを選ぶとき、ぼくは三つのことを考えます。モチベーションという最初のふるいに残った面々を思い浮かべながら、三つの視点で彼らを評価するわけです。腕力、センス、統率力の三つです。

腕力とは、いざというときにもブルドーザーのように前進可能な突破力のこと。プロジェクト運営の鍵になる人材を選ぶわけですから、もちろん経験とスキルは高いほうがいい。とうぜんです。でも、それにも増して大切なのは、修羅場になっても逃げずに「オレがなんとかしてみせる」と反応する気概と、それを実践するに足る実行力です。

プロジェクトの現場でいちばん大切な資質がこれで、だから「腕力」なのです。いくら頭が良くても、どんなに経験豊富でも、いざというときに体を張れない人間を、ぼくは評価しないし、使いません。

二つ目のセンスとは、文字通り感性とテイストのことで、創造的なものをつくるときに

は避けて通れない問題です。中核メンバーの〝好み〟が出来上がるものに大きく影響することが避けられないからです。好みや美意識は理屈ではないから、そう簡単には変えることはできません。それだけに大きなファクターです。

三つ目の統率力とは、配下のスタッフや関係者を束ねる人間力のこと。プロジェクトの現場で実際に実務をリードするのは彼らコアメンバーたちです。多くのスタッフや協力者とうまくつきあっていけないようでは、プロジェクトはとうてい前に進まない。だから、どんなに技術力があろうとも、リーダーシップがない者はコアメンバーにはしません。腕はいいが人を束ねるのは苦手、という人には、外部の専門家として加わってもらいます。

いずれにしろ、プロデューサーとともにアイデアを磨き、戦術を練っていく〝第一階層〟のコアメンバーにだれを選ぶかは、プロジェクトの行方を左右するきわめて大きな問題です。みんな〝なにをつくるか〟ばかりに気を取られるけれど、むしろ〝だれがつくるか〟のほうが本質的な問題だと言ってもいいくらいです。とりわけクリエイティブなプロジェクトにあってはそう考えて間違いありません。

なぜなら、コトづくりであれモノづくりであれ、〝まだないもの〟を生み出す創造的なプロジェクトにあっては、「どんな陣容で臨んだか」でアウトプットがまったくちがうものになるからです。

ダム建設ならどのゼネコンに発注しても同じものができますし、またそうでなければ困ります。設計仕様めがけて一直線で走るプロジェクトでは、だれがつくるかは問題になりません。

しかし〝つくりながら考える〟プロジェクトはちがいます。映画の世界を想像すれば容易にわかりますが、映画には設計図のような目に見える最終形は存在しません。おなじ脚本でも監督がちがえばまったくちがう映画になるし、カメラ、照明、美術など起用された技術者の感性によってもテイストが変わります。

実際にプロジェクトの現場を担うのはだれか。すなわち「だれがつくるか」で「なにができるか」は変わるし、彼らが現場で試行錯誤した結果として「なにができるか」が決まる。それが〝まだないもの〟をめざすプロジェクトの宿命です。だからむずかしいし、だからおもしろいのです。

↓アウトプットは陣容で決まる

プロジェクトの中身を分析して
メンバーを選ぶのではない。
それでは順番が逆だ。

メンバーとともに
プロジェクトを分析するのが正しい。

ゆえにメンバーは
リーダーが直感で選ぶしかない。

"直観"が先、
"分析"は後。

27

リスペクトありき

創造的な人材はどんなときに情熱を燃やすのか。どんな条件が揃えばスイッチが入るのか。ポイントは大きく二つあると思います。そのプロジェクトにクリエイティブな意義と魅力が宿っているか、他の参加メンバーをリスペクトできるか、この二つです。

前者については説明するまでもないでしょう。まずは仕事そのものに魅力を感じるかどうかです。「その現場に居合わせたい」「創造のプロセスに参画したい」「そこでなにかが生まれる瞬間に立ち会いたい」との感情が芽生えるようなプロジェクトなら言うことはありません。大阪万博テーマ館のケースがその典型です。

一方、後者は、プロジェクトリーダーや他の参加メンバーをリスペクトできるか、彼らは良質な刺激を与えてくれる存在か、ともに修羅場をくぐるに値する人間か……、すなわち〝ともに戦うのはだれか〟という問題です。

クリエイティブな人間が本領を発揮するのは、「この仕事はおもしろそうだ」「創造的な刺激が期待できる」「やってみる価値がありそうだ」と感じたときで、そう思えるかどうかは、プロジェクトが掲げるビジョンの価値と、中核メンバーが相互に敬意《リスペクト》の感覚をもてるかどうかで決まります。

互いが「彼の発想はおもしろい」「彼との仕事には発見がある」「彼となら存分に腕をふるえそうだ」と感じる組み合わせなら、放っておいてもメンバー相互の化学反応が進み、プロジェクトはいい方向に転がっていきます。相互リスペクトが、彼らをプロジェクトに惹き付ける磁石になり、互いが触発しあう触媒になるからです。この水準にあるメンバーでチームを組むことができれば、プロジェクトの品質は半ば担保されたようなもの。

一方、相手をリスペクトするなら、その人なりの仕事のスタイルも尊重しなければなりません。

日ごろ、ぼくは第一線のクリエイターたちと仕事をしますが、彼らは例外なくそれぞれの仕事のスタイル、いわば〝仕事の流儀〟をもっています。仕事をするときに大事にしていることはなにか、なにを優先しなにを嫌うのか、最後まで守るものはなにか……。

彼らは、良くも悪くも個性が強く、プライドも高いし、独自の価値観と世界観をもっています。仕事に対するこだわりが強く、仕事の流儀を大切します。プロデューサーがそれを無視して力で抑え込もうとすれば、とうぜん彼らのモチベーションは一気にドロップします。逆に、存分に腕をふるう環境が用意されていると実感できればやる気が高まり、ひいてはプロジェクトのクオリティも上がります。

クリエイティブなプロジェクトの駆動原理は相互リスペクト。これは組織の中のプロジェクトにおいてもおなじです。社内の立場は上司と部下であっても、プロジェクトメンバーとしてのステータスは対等。互いにリスペクトの感覚をもてなければ成果はあがりません。起用されたコアメンバー同士には上下関係も従属関係もなく、相互の関係は基本的にフラットでなければならない、と考えてください。たとえ社内の上下関係があったとしても、コアメンバーに起用した以上はフラットです。プロジェクトに社内の序列や秩序を持ち込んではなりません。ルーティンの秩序や序列を持ち込んだ途端に、プロジェクトのダイナミズムは目に見えて落ちていきます。そしてけっきょく、プロジェクトとは名ばかりの、実質的にはルーティンと化した〝疑似プロジェクト〟に終わります。

↓人を動かす原理は「相互リスペクト」

28

少数精鋭でスムーズに意思決定し、行動する

メンバーをたくさん揃えれば強い軍隊ができる。規模の大きなプロジェクトには大きなチームを組織して立ち向かうしかない。多くの人はそう考えています。でもそれは大きな誤解です。たしかにプロジェクト遂行全体に要する人員の延人数は事業規模に比例して増えていくでしょう。しかし、だからといって、プロジェクトの骨格を定め、実務をマネジメントするコアなプロジェクトメンバーの数までそうなるわけではありません。

イノベーションに適しているのは、個人でも大組織でもありません。必要最小限に絞り込んだ、顔の見える小さな集団です。創造的なプロジェクトは少数精鋭のスペシャルチームを必要としているのです。

コアメンバーの数と戦闘能力はかならずしも比例しません。すぐれた人材を数多く揃えればかならずうまくいくかといえば、けっしてそのようなことはなく、不用意に数を増や

すと、会議ばかりが増えて疲弊が進んだり緊張が緩んだり、互いに対する遠慮、あるいは大人数ゆえの油断から、抜けや漏れが多発します。

コアメンバーの適正ボリュームと事業規模の間には直接的な相関はなく、その適正数は規模に関係なくほぼ一定です。大切なのは〝必要最小限〟であること。誤解を恐れず言い切ってしまえば、その数は少なければ少ないほどいいと考えています。経験からいえば、その数は数人、せいぜい一ケタの範囲でしょう。

10人を超えたら、意思決定の質、スピードがともに下がり、プロジェクトのクオリティが落ちていきます。コアメンバーが30人もずらっと並んだプロジェクト会議……、そんな光景をぼくは想像できないし、したくありません。そんなやり方で、プロジェクトをダイナミックに走らせられるわけがない。

〝たくさんいるから安心〟という誘惑に負けていけません。釈迦の弟子はわずかに10人、キリストだって12人だったのですから。

↓イノベーションは小さな集団の仕事

29

指揮権をどう配分するか

プロジェクトリーダーはいかにしてコアメンバーの仕事を掌握するか。

両者の関係を突き詰めると、「それぞれの指揮権をどう配分するか」という問題に行きつきます。これは部長が課長の仕事にどこまでどのように口を出すべきかという話に似て、模範解のないむずかしい問題です。

渡したら任せる。ぼくはそうしています。ともに戦術を練り上げたあとは、形が見えてくるまで放っておくのです。細々とした注文をつけることもしないし、逐一報告しろとも言いません。プロが仕事に取りかかったら、横からゴチャゴチャ言わないほうがいいと考えているからです。

こればかりは岡本太郎の影響かもしれません。太郎はだれかになにかを頼んだら、あとはいっさい口出ししませんでした。いろんな奴がいろんなことを言えば言うほど、出来上がりは悪くなる。中心でことを決めるのはひとり。そう考えていたのです。

岡本敏子もおなじでした。太郎の葬儀を任されたとき、敏子はたったひと言「お葬式にはしないでね」と言うだけで、なにひとつ注文を言いませんでした。プランや予算を相談しようとしても、あなたに任せる、あとのことは心配しなくていい、と言うだけで聞こうともしません。常識外れのやり方をしようとしていたにもかかわらず、「あなたがいいと思うようにやりなさい。それがいちばんいいんだから」と言うだけ。すべてが片づいたあとで、「なんで？」と聞いたら、彼女はこう言いました。「それが岡本太郎のやり方だから」。

ちょうどプロデューサーとして自立する時期だったぼくにとって、これは強烈な体験でした。信じて任せるとはどういうことか。すべてを預けられたら、人間はなにを考え、どう行動するのか。挑戦が終わったときになにを感じるか。身をもって知りました。

コアメンバーの指揮権は犯さない。クリエイティブなプロジェクトではそれを基本原則にすべきだとぼくは思います。

それがメンバーのモチベーションをキープする唯一の方法だからです。「おまえは言われた通りにやっていればいいんだ」と言われながら魅力的なアイデアを提供しようとする者はいません。まして力のあるクリエイターなら、そんな人間の下ではぜったいに仕事をしません。

また、この裏がえしですが、「どんなことでも決めるのはリーダーひとり」という意識が組織内に浸透すると、メンバーは次第に自分で考えようとしなくなります。すべてをリーダーひとりが意思決定するという構図は、一見すると〝強力なリーダーシップ〟と映り、プロジェクトに適したマネジメントと思われがちですが、実際は逆です。このやり方で成果をあげているリーダーが少なくないことは知っていますが、だれもが真似できる方法ではありません。とりわけ〝まだないもの〟をつくるときには向かないと思います。

この状態がつづくと、「オレがやる！」というアグレッシブな意欲がだんだん失われ、次第に自分で判断することを止めるようになってしまいます。それでは損です。

そもそも、司令官たるプロデューサーが、自らの職務を全うしながら配下の部隊の指揮官を兼務できるはずがありません。「大隊長は同時に四つの中隊長の職務をこなせない」。それが軍隊の常識です。

船長とは、彼にしか判断できないことを判断するためだけに船に乗っていることを忘れてはなりません。それさえやっていれば、あとは寝ていたっていいのです。

↓ 渡したら任せる

30

あえて枝葉は見ない

プロジェクトはいまどのような状況にあるのか、将来に向けていまなにをなすべきか。的確な状況判断なしに、プロジェクトのマネジメントはできません。プロデューサーは、メンバーたちがもっている現場のホットな情報を集め、それを綜合してひとつの全体像をイメージします。ワールドクラスのサッカー選手のように、鳥瞰的な視座から形勢をつかみ取れたら最高ですが、もちろん、そうはいきません。

いずれにしろ、現場で戦うメンバーたちから報告を受けるわけですが、言うまでもなく、プロジェクトリーダーが情報を集めるのは状況判断の材料にするためであって、情報収集それ自体ではありません。大切なのは判断に役立つ情報だけをすくいあげること。情報の量を誇ったり、報告形式にこだわったりすることにはなんの意味もありません。

しかし、往々にしてプロジェクトリーダーは罠に落ちてしまいます。本来の目的を見失い、些末な情報を大量に集めて安心したり、役所のような形式主義を課すことで情報共有システムの完成度が上がったと思い込んでしまったりするのです。

プロデューサーは、状況を正確に知りたい、そのためには情報は多いほうがいい、厳密で欠落がないほうがいいと考えがちです。「すべての情報をオレに上げろ」「オレに判断を仰げ」と言いたくなります。

でも、すべてを知りたい、なにもかも掌握したい、と思いながら大量の断片情報を集め、その把握と評価に没頭するうちに、気がついたら緊急案件や重要情報の処理が後回しになっていた、ということがよく起こります。プロデューサーとしての重要な判断が遅れるリスクがあるわけです。

さらに問題なのは、精度の高い判断をしようと、細々とした情報とつきあっているうちに、大局を見失い、なにが重要でなにを優先すべきかがわからなくなってしまう事態です。これではなんのために情報を集めているのかわかりません。

プロデューサーは、ものごとの優先順位を決めるためにいるのです。逆にいうなら、プロジェクト全体にとっての利益を考えて優先順位をつけられる立場の人間は、プロデューサーを置いてほかにいません。枝葉末節の掌握と引き換えに大局を見失うのでは、まさに本末転倒です。

一方、詳細な報告を求められると、プロジェクトメンバー側にも影響が出てきます。とうぜん彼らの負担は増え、つねに報告に追われるという状況を引き起こします。コアメンバーがいちばんエネルギーを割いているのは、プロジェクトリーダーにあげる報告資料の作成だ、などという笑えない話もよく聞きます。報告は必要最小限にする。それがプロジェクト運営の鉄則です。

プロデューサーは、枝葉についてはあえて見ないようにして、プロジェクト運営の根幹にかかわる大きな問題、大事なことだけを見るように努めるべきです。もちろん、言うは易くて、これはむずかしく、「知りたい」「知っておきたい」という欲望に打ち勝つのは容易ではありません。

現場の詳細は現場に任せ、報告は必要最小限に徹する。必要なときには自分から現場に出向いて声をかけ、戦況を自分の目で見ながら、「なんのために、なにを判断したいか」という状況認識をもって情報を集める。そう心掛けるべきです。

〝情報資料（インフォメーション）〟ではなく〝情報（インテリジェンス）〟を手に入れるのです。

知りすぎないのもプロデューサーの仕事

決断するときは ひとり。
だれにも 代わってもらえない。
それがプロデューサーなのだ。

プロデューサーとは職分《-Duty-》であって
身分《-status-》ではない。

責任を引き受ける覚悟がなければ
決断できず、決断できない者に
プロジェクトを率いる資格はない。

31

意思疎通に最適な距離感は？

クライアントとプロデューステームの円滑な意思疎通はプロジェクト運営の要諦です。両者が信頼で結ばれない限り、ものごとはけっしてクリエイティブな方向には進みません。密度の濃いコミュニケーションが不可欠ですが、だからといって、いつもベッタリ一緒にいればいいというものではないし、会議の回数を増やすほどプロジェクトに貢献するわけでもなく、距離感を測るのは難しいものです。社内プロジェクトにおいてはトップマネジメントがクライアントになるわけですが、事情はまったくおなじです。

クライアントサイドとプロデューステイドのコミュニケーションは、「必要なときに、必要なことのみを話し合うだけ」というのが適切だとぼくは思います。

会議のための会議、形式だけの会議、義務としての会議は百害あって一利なしです。無駄な会議は時間とエネルギーを浪費するだけでなく、チームの士気を大きく下げ、すべてはコストとなってプロジェクトの足を引っ張ります。

その典型が、いわゆる定例会議です。

大きなプロジェクトでは、週に一回、月に二回などと曜日を決めて定例会議がセットされるものですが、大方のそれは、単に〝やっている〟というだけで、ほとんど実効性がないばかりか、多くは時間の浪費です。建前は「定期的な情報共有を通して、齟齬なき組織運営と遅滞なき意思決定を行うため」なのでしょうが、本音は「頻繁に雁首揃えて顔を合わせていないと不安だから」というところでしょう。

ぼくが実際に経験したケースでも、クライアントサイドの出席者が五〜六人、制作サイドから十数人、その他に双方のオブザーバー十数人、総勢数十人に及ぶ巨大な会議が毎週開かれていました。営業部長以下、営業担当や制作担当から外注の専門スタッフまで、その日の議題と関係のないメンバーを含めて、制作サイドの人間がズラリと並んでいます。

クリエイティブな論議はいっさいなく、単なる報告会なのに、会議は毎回二〜三時間に及びました。会議資料も毎回数十枚に及ぶもので、たくさんのCG画を含む金と時間のかかったものでした。スタッフはおそらく、手持ち時間の大半をこの資料づくりに割かざるを得なかったでしょう。

これをコストに換算したらいったいいくらにつくか、想像すればだれでもわかります。クライアントに安心を与えるために、貴重な生産力を無駄に差し出していたわけです。

この種の形式的な会議がクリエイティブな価値を創造することは100%ありません。会議のために無理矢理議題を捻出し、その説明資料を準備するために実務作業のリズムが乱される。プロジェクトメンバーの集中力とモチベーションを下げるだけです。

↓

頻度でなく密度。必要なときに、必要なことのみを話し合う

32

マンネリは異分子で打破する

発想の幅を広げ、チームにダイナミズムを呼び込む方法として、〝異分子〟すなわちそれまでチームに加わったことのない新しいメンバーを招き入れることも効果的です。

〝異物〟が混ざると、互いに相手の出方が予測できないからチームの中に緊張感が生まれ、新鮮な刺激をもたらしてくれるからです。それがよい意味でのストレスになって、新しい発想、方法、関係に踏み出すチャンスになります。

ただし異物は多ければ多いほどいいというわけではありません。新しいメンバーと他メンバーとの価値観の違いが現場に混乱を招いたり、人間関係がぎくしゃくしたりすることもあります。それでもぼくは、プロジェクトごとに、あえて新しい人材を投入します。リスクよりリターンの期待値のほうが大きいと考えているからです。

とはいえ、名刺交換しただけの人物に仕事を任せることはできないし、公募で集めるわけにもいきません。相互信頼の基盤になり得るのは、基本的には仕事上の共同体験だけであり、コアメンバーたるに十分な信頼と敬意は、本来、仕事をともにするなかでしか醸成されません。いわば、これに代わる〝仮想信頼〟を与えるわけですから、少なくとも一定の担保が必要です。

ひとつは、自分でちょくせつ仕事を見たり話を聞いたりしたなかで、「この人とやってみたい」と思ったとき。日ごろからこの観点で人を見、人と接していくことが大切だと思います。

ぼくは、クリエイターと知りあいになったら、かならずその人の仕事や作品を見せてもらいながらじっくり話を聞くようにしています。プライベートな〝人材リスト〟を拡充し、人材配置の選択肢を増やしたいからです。

もうひとつの方法は、信頼するプロフェッショナルや仕事仲間から推薦してもらうこと。たとえば照明ディレクターが舞台美術の仕事で一緒になった造形作家を紹介してくれたり、映像クリエイターがコンテンツを共同制作したグラフィックデザイナーを推薦してくれたりします。実際の共同制作経験をもとにした推薦だから間違いはないし、そもそもリスペクトしあう仕事仲間にはほんとうに信用できる人間しか紹介できないので、信用度はかなり高いといえます。

もちろんそれでもリスクは残ります。チームのなかでうまく機能するかどうかは、基本的にはやってみなければわかりません。

しかし、異分子の投入は、単にマンネリを回避するだけでなく、プロデューサーとしての可能性を広げることにつながるとぼくは考えています。

人材リストが充実し、投入可能な人材の選択肢が増えるに連れて、〝戦い方〟のバリエーションが飛躍的に広がるからです。

↓

「新しい血」でチームを活性化させる

33

共感を育むコミュニケーション

プロデューサーにとって、コミュニケーション能力はとても大切な資質です。

ハードなモノづくりならスペックをアピールすることで、言い換えればファクトを伝えることでなんとかなりますが、創造性で勝負するプロジェクトにおいては、スペックを知らせるだけでは価値の本質を伝えることができません。

とりわけ〝まだないもの〟を世の中に送り出そうとするプロジェクトにあっては、その価値を理解してもらうことはとてもむずかしく、まして共感してもらうのは至難のわざです。

人はだれも、経験のないことはイメージできないし、イメージできないものとは距離を置きたいものです。それでもなんとか伝えなければ、プロジェクトは早晩立ち行かなくなってしまいます。新しいものごとを生み出そうとするときこそ、コミュニケーションが鍵になるのです。

このとき有用なのはプロジェクトのビジョン、すなわち「物語」を語ること。メタファーやアナロジーを駆使した〝たとえ話〟もうまく使いながら、そのプロジェクトが毎日の暮らしのなにを変え、ぼくたちになにをもたらしてくれるのかを、シンプルでわかりやすいストーリーに置き換えて魅力的に語ることが大切。前述した通りです。「〇万画素の解像度を実現」と「1000曲をポケットに」のちがいを思い返してみてください。

クリエイティブなプロジェクトにおけるコミュニケーションの最終目的は「共感を育む」こと。そのためには情熱をもって「志」を語ることが不可欠です。

〝まだないもの〟は興味をもってもらうことさえ簡単ではなく、まして好意をもってもらうのは容易ではありません。人はファクトを説明されただけでは共感しません。言っていることに理があれば〝納得〟するし、内容がよほど素晴らしければ〝感心〟するかもしれない。でも〝感動〟するわけではないのです。これも前述した通りです。

共感にたどり着くためには、プロジェクトの志を語らなければなりません。そして、それこそがプロジェクトリーダーの役割です。

岡本太郎生誕百年事業のとき、ぼくはひたすら「目的は岡本太郎の顕彰ではない。主役は太郎ではなく、次代を生きるぼくたちだ」「ぼくたちはＴＡＲＯの遺伝子を受け継いでなにができるのか、それを自分自身に問いかける年にしたい」と言いつづけました。15年前に他界した作家の誕生日をみんなでお祝いしましょう、などと言ったところで話にならないからです。

糸井重里さんの手によるテーマワード「Ｂｅ ＴＡＲＯ！」を前面に押し出しました。「一人ひとりがＴＡＲＯになればいい」というプロジェクトの思いを、たった二語でかんぺきに語り尽くしています。〝太郎と遺伝子〟をモチーフにした佐藤卓さんによるシンボルマークも、プロジェクトの意志をパーフェクトに表現していました。

ファクトの伝達ならスタッフで十分。プロジェクトリーダーのやるべきことはちがいます。

リーダーの仕事はプロジェクトのバックグラウンドにある志を語ること。すなわち〝なにをつくるのか〟だけでなく〝なぜつくるのか〟まで伝えることなのです。

↓ プロジェクトの志を語る

34

ファクトではなく、決意を伝える

プロジェクトにはスポークスマンが必要です。

プロジェクトとは現実社会に斬り込んでいく営みですから、好むと好まざるとにかかわらず、周囲とのさまざまなコンタクトが避けられません。プロジェクトはコミュニケーションの産物として産み落とされるものだと言ってもいいでしょう。

対外コミュニケーションの司令塔は、プロジェクトリーダーの仕事です。しかもリーダー本人が自ら最前線に立つ。制作実務はコアメンバーに任せますが、こと対外コミュニケーションに関しては、リーダー自身が直接行うもの。ぼくはそう考えていますし、実際にそうしてきました。

そのとき大切なのは、自分の思いを、自分の言葉で、情熱をもって語ること。懐《ふところ》から出した紙を読み上げる役人の挨拶のようなやり方では、なんの力にもなりません。プロジェクトの志を、それを編み出したプロジェクトリーダー自身が情熱的に語りかける。それが最善です。スタッフの言葉では、ファクトを伝えることはできても、〝熱い思い〟や〝強い決意〟までは伝わらないからです。

才能がないからオレには無理だ、などと考える必要はありません。

対人コミュニケーション力は訓練で身につけることができるし、もって生まれた才能ですべてが決まるわけではないからです。トレーニングでかならず上達します。場数を踏めば勘も良くなります。実際、おそらく世界最高のプレゼンテーターだったスティーブ・ジョブズだって、プレゼンテーションの準備に膨大な時間とエネルギーを割き、本番前には入念にリハーサルを行っていたといいます。

そもそも、話術はなくとも、〝オレはこれを伝えたい！〟という強い気持ちで一所懸命に語りかけている人の言葉には説得力があり、その思いの強さは、聞けばわかります。少なくともそれだけはちゃんと伝わります。そして、それを伝えることこそが、リーダーのメッセージでいちばん大切なことなのです。この点に限って言えば、立て板に水のような話し方ができるかどうかは、ほとんど関係がありません。

もちろん、情熱を伝えただけで満足するわけにはいきません。プロジェクトの意義と価値を論理的に説明し、納得させなければならない。

アイツには情熱があるし、言っていることもスジが通っている。そう思ってもらえてはじめて、プロジェクトリーダーは信用され、プロジェクトへの不安は後退します。

アリストテレスは、すぐれたスピーチを成立させる条件として「エトス」「パトス」「ロゴス」の三つを挙げています。エトスとは信頼感すなわち〝語り手の人柄〟、パトスとは情熱すなわち〝感情に訴える力〟、ロゴスとは論理性すなわち〝説得力・説明力〟です。

まさにプロジェクトリーダーに期待される資質そのものです。

↓
強い思いを、自分の言葉で情熱をもって訴える

CHAPTER 05

プロデュースの勘所

35

ローリング・ストーンズはなぜ偉大か

もっとも偉大なロックバンドを五つ挙げよ。そう言われてローリング・ストーンズを外す人はまずいないでしょう。ビートルズと同時期にデビューして以来、半世紀が過ぎたいまも、スタジアムを満席にする現役バリバリのモンスターバンドです。

ストーンズの音楽はきわめてオリジナリティーが高く、だれも真似ができません。独創性をつくっているのは、ミック・ジャガーの個性的な歌声、キース・リチャーズの独特の作曲テイスト、そしてキースのギターとチャーリー・ワッツのドラムが織りなす微妙に揺らぐ特有のグルーヴ感です。

ミックとキースのふたりが半世紀にわたってバンドのアイデンティティーを支え続けているわけで、音楽性の本質はまったく変わっていません。だから〝偉大なるマンネリ〟と評されることもあります。

もちろん、たとえマンネリだとしても、あのレベルになれば別格です。唯一無二のサウンドは彼らだけのもの。もしミックとキースのどちらかが外れたら、あのサウンドをつくり出すことはできません。すなわちストーンズはメンバーの強烈な個性がマンネリに通じ、マンネリだからこそ力があるという構図にあるのです。

じつは強力な個性とオリジナリティーをもつ創造者は、アートであれ、音楽であれ、文学であれ、ジャンルを問わずみなおなじです。創造の原点が個人の経験と問題意識、なにより欲望に根ざしているからで、だからこそ確固たる〝その人だけ〟の表現が生まれる。分析やマーケティングに頼っていたら、けっしてそうはなりません。

一方で考えなければならないのは、偉大なるマンネリと言われながら、飽きられることがないのはなぜか、というポイントです。もし彼らがテープレコーダーのように同じことを繰り返していたら、はたして半世紀もトップの座にいつづけることができたでしょうか。

じつは、ローリング・ストーンズはつねに変わりつづけています。「It's only rock'n roll（たかがロックンロールさ）」。彼ら自身がそう歌うように、シンプルなロックンロールしかやらないという姿勢は変わっていません。けっしてボサノバはやらないし、使うコードも毎度おなじみの組み合わせにすぎません。

しかし彼らの音楽を、60年代、70年代、80年代——と聞き比べてみると、そのちがいは明らかです。ストーンズであることに揺らぎはないけれど、サウンドが醸し出す空気感は時代とともに変わっている。完成の域に到達しつつあったロックミュージックが種々の実験をはじめた60年代後半――ビートルズが「サージェント・ペッパーズ」を発表した頃です――にはやはり実験的な音づくりを試み、ロックが頂点を迎えた70年前後にはソリッドな独自のストーンズサウンドを完成させ、ロックミュージックそのものが停滞期に入った70年代後半からは、パンク、ディスコ、レゲエ、ニューウェーブなどの音楽性を取り入れる試行をはじめます。

メンバーの持ち味と、その組み合わせとしてのバンドの個性にはいっさい手を加えず、それを大切に守りながら、一方では新しい〝戦い方〟を模索しつづけている。

そう考えれば、彼らをマンネリと呼ぶのは間違っているように思います。マンネリとは、表現のレベルで無自覚に自分自身をコピーすること。なにも考えずに前回と同じものを生産しつづける行為です。

個性を守りながら、変わりつづけている。それがストーンズの強さであり、偉大さなのです。

→個性を守りながら「戦い方」を変える

36

得意技を習得し、ひたすら磨く

個性とは、言葉を換えれば〝得意技〟です。

ローリング・ストーンズは、自ら編み出した得意技で戦いつづけていると考えれば、彼らの強さが腑に落ちるのではないかと思います。

相手を自分の得意技に引き込んで勝つ。それが、スポーツでも、戦争でも、オセロゲームでも、およそすべての戦いに共通する基本原理です。

柔道であれ相撲であれ、対戦型スポーツには数々の基本技がありますが、アスリートはそのすべてを均等に修得しようとはしません。数ある基本技の中から自分にあった技を選び、それを集中的に練習して得意技を磨きます。理由は簡単で、得意技をもたなければ試合に勝てないからです。

先に紹介したギタリストのカルロス・サンタナも、ローリング・ストーンズとおなじようにひとつの得意技で数十年を勝ち抜いてきました。そして彼もまた、個性を守りながら変化しつづけてきました。

ラテンフレイバーのサウンドで鮮烈なデビューを果たした彼は、その後ジョン・マクラフリンやハービー・ハンコックなどジャズミュージシャンとの交流を深め、ジョン・リー・フッカーやバディ・ガイらブルース奏者ともセッションを重ねてきました。

さまざまなジャンルの音楽と渡りあう。それが彼の音楽性を広げ、プレイヤーとしての奥行きをつくりました。ロックミュージシャンとしてだけでなく、ジャズミュージシャンとしても、ブルースミュージシャンとしても、サンタナは一級です。

肝心なことは、音楽のジャンルはちがっても、サンタナはサンタナだ、という一点です。どんな音楽をやるときでも彼は自分の作法《スタイル》を変えません。技はひとつ。だから音に独特の〝匂い〟が残り、それが強烈な存在感になるのです。

「得意技がひとつ」であることと、「いつもおなじことをやる」のはまったく別の話です。

得意技はひとつでも、それを繰り出すタイミングや、そこに至るストーリーが異なれば、まったくちがう物語になる。野球でいえば、最後にフォークボールで仕留めることには変わりなくとも、配球の組み立てを変えれば相手は何度でも三振するのであって、得意技は同じでも駆け引きが変わればまったく別の戦いになるのです。

得意技とは、広く応用可能な普遍性を備えた〝戦い方〟のこと。

応用性・汎用性・普遍性のある技であれば、戦術を変えることでまったくちがう展開に持ち込めます。まさにサンタナがみごとにそれを実践しているわけで、デビュー当初に〝自分の戦い方〟を発見し、〝戦い方の作法〟を確立したことがすべての出発点になりました。その人なりの戦い方が、他人の真似できないレベルになると〝お家芸〟と呼ばれます。お家芸は、その人のアイデンティティーとなって、ステータスと説得力の原動力になります。

↓

得意技に引き込んで勝つ、それが戦いの原則

37

自分にしかできない戦い方とは

毎日無数に送り出されては消えていく同種のプロジェクトのなかにあって、少しでも抜きん出た存在になりたければ、リスクを取って勝負するよりほかなく、戦う以上は得意技が不可欠です。

プロデューサーは、「自分だけの戦い方」「自分らしい戦い方」「自分にしかできない戦い方」を開発し、それを徹底して磨き込むことが大切であり、それこそがプロデューサーとしてのアイデンティティーになります。

ぼくの領分はメッセージ空間をつくること。特定の空間に人を集め、そのとき限りの体験を提供する。空間に情報を織り込んで、相手とのコミュニケーションを図る。すなわち情報を〝出来事〟の形に翻訳して伝える。すなわち「メディアとしての空間」をつくる。

三〇年やってきて、ぼくが自分の得意技にしたいと考えているのは、ひと言で言えば、文脈を〝景色〟で伝える技です。空間に身を置くだけで説明なしに文脈がわかる、知識を与えられるのではなく自ら発見する、といったように、情報内容をロジックではなく空間体験としてつかみ取ることができる。そんな空間をつくりたいのです。「演説ではなく対話」。「説明ではなく体験」。「啓蒙ではなく触発」。

それがぼくの空間メディア観です。ライブコミュニケーションの価値は双方向性にあるのだから、これを前提にしないメッセージ空間はあり得ません。やるべきことは対話であって、主張を一方的にがなりたてることではないでしょう。

言いたいことは体験に置き換えます。体験のなかで自らなにかをつかんだとき、はじめてその情報は彼にとって〝自分の問題〟になる。情報を全身で〝浴びる〟。その体験でなにかに〝気づく〟。触発されてなにかを〝つかむ〟。次の展開に自ら〝つなぐ〟。ぼくがつくりたいのはこのサイクルが回る空間です。

どんなジャンルの仕事でも、ぼくはこの状況をめざし、おなじ作法で臨みます。そのための技術を磨いていきたいし、実験したいこともたくさんあります。

↓ 「それがあいつの得意技」と言われたら最高

得意技にしたいからです。

38

だれでも最初は見様見真似

得意技はとつぜん空から降ってくるわけではありません。得意技とは平時に訓練を積んでおくべきものであって、いざプロジェクトがはじまってからジタバタしても手遅れです。しかも「技」とは抽象概念ではなく、身体感覚をともなったスキルですから、机の上では修得できません。スポーツであれ、プロジェクトマネジメントであれ、実戦経験をまったく積まずに技を磨くことは不可能です。

もちろん、プロデューサーとしての得意技を実戦のなかで開発すべきだと言われても、いきなりそんな立場を与えられる者はいません。だれだって最初は使い走りです。ぼくもそうでした。それが当然だし、それでいいと思います。

大切なことは、たとえ使い走りあっても、スタッフの一員としてプロジェクトに参加することができたときの態度です。そのときのプロデューサーのやり方をよく見て、彼の得意技と戦い方を観察し、実際の結果にそれがどう反映されたか、あるいはできなかったかを見きわめる。そして、「もし自分がプロデューサーなら、どうするか」「もしこれを、こう変えたらどうなるか」を考え抜く。

書斎のなかで空想するのとちがって、リアルな現場で別のオプションをイメージすることはとても有効なトレーニングです。そしてもし可能なら、小さなことでいいから、自分なりの試行と実験をプロジェクトのなかに滑り込ませる。自分の得意技をつくるうえでキーになりそうな要素を可能な範囲で少しずつ試してみる。

やがてリーダーとしてプロジェクトを率いる立場になったら、「自分だけの戦い方」「自分らしい戦い方」「自分にしかできない戦い方」とはなにかを考え、仮説を立てて実戦で試す。実戦経験を積むなかで、試行錯誤を繰り返しながら、決め技として通用するレベルになるまでひたすら磨く。それしかないとぼくは思います。

歴史には数々の名将がその名を残しています。彼らが大きな戦果を残すことができたのは、すぐれた戦略と戦術、群を抜く統率力を備えていただけではありません。彼らは例外なく、強力で独創的な得意技をもっていたのです。

↓

現場でのシミュレーションが得意技に導く

39

現場を知らない者の判断は危ない

リスクを背負って戦っている現場には、戦場にしかない恐怖感があります。もしかしたらとてつもないトラブルに向かって突き進んでいるのかもしれない、見落としてきた小さなミスがいまごろ致命傷になっているのではないか、とうぜんできると簡単に流していたことがとつぜん牙をむいてくるんじゃないか——。現場のようすを眺めたり、現場のメンバーの話を聞いたりするうちに、漠然とした恐怖感がこみ上げてきます。

恐怖はリアリティとともにいる証拠。逆に言えば、プロジェクトリーダーが現実感を失い、ゲーム感覚で意思決定をはじめたらおしまいです。

リアリティのある恐怖感を授けてくれるのは現場だけ。現在進行形で動いている現場は生き物のようなものであり、現場だけの空気と匂いがあります。それはその場に居合わせない限り手に入れることのできないもので、それこそが状況判断を行ううえでもっとも基本的かつ重要な情報（インテリジェンス）です。

大切なのは全身、皮膚でそれを〝感じ取る〟こと。ピッチに立たず、最上階のＶＩＰ席から指揮するサッカー監督がいないのは、現場の匂いを肌で感じることなしに正しい判断はできないからです。

さらに言えば、現場の匂いを嗅がないと〝勘〟が働かなくなります。〝走りながらつくり、つくりながら考える〟クリエイティブなプロジェクトにとって、〝直観〟はとても重要なファクターです。

できれば論理的な筋道で判断したい。客観データから演繹的に結論を得たい。だれだってそう思います。でも、けっきょくは自分の中にある暗黙知、つまりは経験に裏打ちされた勘を信じて決めるしかない。そういう場面の連続が実際の現場です。

「ここで引き戻しておかないとあとで大ごとになりそうだ。このプランはいったん止めよう」「安心材料は揃っていないが、いまゴーサインを出さないと手遅れになるだろう。よし、やろう」「これ以上攻めつづけるのはかえって損かもしれないな。ここらで手を打って妥協しよう」……。

胸騒ぎのようなもので、なんとなくそう思う。経験知がそうささやく。直観です。

ロジカルな判断に足るだけの情報や条件が揃うまで、現場は待ってくれません。現場でものをいうのは経験に基づく直観です。

「偉大な指揮官は、緊要な時機に直観が働く人である」。アラビアのロレンスの言葉です。

プロデューサーのなかには現場に出ない、現場に興味がない、という人が少なくないようですが、ぼくは可能な限り現場に出向き、制作の最前線に立ち会います。

「司令官はすべての戦況を俯瞰する立場だから、中央司令部に陣取って冷静に戦局を判断すべきだ。局地戦にかかわるとその状況に引きずられて全般の情勢判断を誤る恐れがあるから個々の戦場に赴くべきではない」と言う人もいます。

でもこれは机上の空論にすぎません。もしそう言う人がいたとしたら、その人には十分な実戦経験がないと判断して差し支えないと思います。

↓ 現場の空気が直感を支える

40

生きた情報を手に入れるには

実際にプロジェクトを進めていくときには、〝つくろうとしているもの〟にまつわるさまざまな情報を手に入れなければなりません。

もちろん、必要な情報を自分の中に経験値として蓄積しているのが理想です。

自分自身が直接経験したことは、その正確な意味はもとより前提や背景までわかっているので、事情や文脈といったレベルの情報量をもっています。なにより〝実感〟という圧倒的な質を備えているので、五感で評価できるし、直感が働きます。

経験豊富なプロがはじめての事態に遭遇しても慌てないのは、自分の中に豊富な情報を蓄えているからです。そのなかから類似事例や近似事例をひき出し、それらを組み合わせることで〝いま起きていること〟が類推できる。だからパニックにならずに済むのです。「修羅場になると経験がものをいう」と言われるのはこのためです。

しかし、まったく正反対のことを言うようですが、必要な情報をすべて自分の中に貯め込もうなどとは思わないほうがいいし、自分の中にある情報だけで判断しようと考えないほうがいい。しょせんひとりの経験など高が知れています。必要となる多様な情報のすべてをカバーできるわけがありません。

外部の専門家を情報源にもち、つねにアップデートされている彼らの知見をうまく活かしたほうが合理的だし、得です。

情報の〝所有〟にこだわる必要はなく、〝利用〟できればいいと考えるべきです。

発想の元になる、ものの見方や世界の見方、時代意識、視点、視座、トレンド観、相場観など、プロジェクト遂行にかかわるあらゆる知見やインテリジェンスについて、さまざまな分野のエキスパートを知恵袋にもっていると大きな力になります。

とうぜんながら、こういうことはギブアンドテイクが原則だから、一方的にもらうだけ、という関係は成り立ちません。頼まれたときに質の高い情報を提供できる人にしか、生きた情報は入ってこないものです。

もうひとつは相互リスペクトです。互いに相手を信用し、敬意をもつ関係だからこそ、惜しみなく協力できるのです。

ただし、もらった情報や知恵はそのままでは使えません。プロジェクトの特殊事情にあわせて加工し、そこから類推することではじめてプロジェクトに活かせるようになるのであって、こうした情報や知恵の加工と利用の技術を磨くこともとても大切です。

ぼくもいろいろな世界に信頼できる知己がいます。彼らは無条件で相談にのってくれるし、惜しげもなくアイデアを授けてくれます。ぼくがプロデューサーとしてやっていられるのは、そういった仲間たちに支えられているからなのです。

↓ 外部にさまざまな知恵袋をもつ

41

信頼と敬意でつながる

相互の信頼と敬意は、基本的には、仕事をともにするなかでしか醸成されません。信頼関係は一朝一夕にできるものではないし、とうぜんですが居酒屋で飲んだからといってそうなるわけでもありません。とりわけクリエイター同士の相互信頼の基盤になり得るのは、仕事における共同体験だけです。

相互に信頼と敬意でつながった〝顔の見える〟メンバーなら、クリエイティブなモチベーションが約束され、互いの好みや仕事の流儀がわかっているから仕事がスムーズに進み、互いの仕事に齟齬をきたすリスクも下がります。成功体験の共有は自信につながるし、戦友意識が互いのサポートを促します。なにより品質がある水準を超えることがはじめる前にある程度予測できます。

だからクリエイティブの現場では、往々にして〝黒澤組〟に代表されるソフトな制作集団が形成さるわけです。

この種のチームは、互いの技術力に対するリスペクトの感覚だけでつながる柔らかい関係ですが、戦友意識をベースにした信頼は固く、強いものがあります。これは映画に限らずあらゆるジャンルの制作現場に見られる現象で、いわばクリエイティブプロジェクトにおける本能のようなものなのかもしれません。

ぼくも、いろいろな分野に信頼関係を育んできた仲間がいるし、顔の見える仲間でつくるごくごくゆるやかなコミュニティがあります。コミュニティの運営とメンテナンスを考えることもプロデューサーの大事な仕事。軍隊を組織するプロデューサーにとって、こうしたコミュニティこそ最大の財産です。

もちろん、この関係は人間的な好き嫌いとは関係がありません。ともに仕事をするなかで才能と技術に対するリスペクトと信頼を感じるわけですが、それは感情的な相性とは異なるものです。

ぼくは彼らと仕事上の仲間ではあっても、いっしょにバーベキューを楽しむ関係にはならないし、家族構成さえ知りません。なかには友人としてプライベートなつきあいがはじまることがないわけではないけれど、あくまでもそれは例外であり、結果であって、それを目的に仕事をしているわけではありません。

ジャズの帝王マイルス・デイビスは、「オレは、バンドメンバーの人間性なんて考えない。

オレに刺激を与えてくれる奴としか組みたくない」と言っています。さすがにそこまで徹底して割り切ることはできないけれど、基本的にはぼくもおなじです。

互いの発想、技術、才能、情熱、美意識に対する〝敬意〟だけで成り立っているつながりだから、「あいつはダメだ、つまらない」と思われたらぼくだってはじかれることもあるでしょう。

そうした緊張感を含め、ぼくは、ともにプロジェクトを進めるメンバーには〝戦友〟のような感覚を持っています。

↓成功体験の共有が「戦友」をつくる

成功体験は手強い。

壁にぶつかったとき、

「そうだ、あのときみたいにやってみよう!」

と思いついて救われた気分になる。

成功した発想、方法、人間関係は、

手に入れるのがむずかしいぶん

手に入ると守りたくなる。

つねに自覚していない限り、

この誘惑には勝てない。

42

「命令」は役に立たない

創造的な成果をめざすプロジェクトがルーティンと決定的にちがうのは、〝命令によるマネジメント〟が機能しないことでしょう。

〝まだないもの〟を生み出そうとするとき、『命令』はほとんど役に立ちません。

考えてみればとうぜんで、〝世間をアッと驚かせる画期的なコンセプトを考えろ！〟と命令しただけで斬新なアイデアが手に入るわけではないし、〝かつてない新しい表現を発見するように〟と命じたところでなんの保証にもなりません。

なにより〝高いモチベーションで臨め〟という命令が意味をもたないことが決定的です。

おなじ理由で、マニュアルによるマネジメントを期待するのもナンセンスです。

しかし、だからといって、命令でコントロールできないなら〝恐怖〟で服従させよう、と考えても無駄です。創造の現場はフラットな関係性が前提なので、強権を発動しようにもはじめから強権自体が存在しないからです。

ぼくはプロジェクトごとにクリエイターを集めて一回限りの傭兵部隊をつくりますが、彼らはぼくの使用人ではないし、ぼくに飯を食わせてもらっているわけでもありません。「クビだ！」と言われれば、「ああ、そうですか」と次の仕事に移ればいいだけの話で、彼らにはそう言われることへの恐怖感はありません。

ルーティンなら『管理』できます。おなじことをおなじように繰り返すときには〝命令によるマネジメント〟が有効だし、序列が定める権威をみなが尊重する風土では、権威による統制が可能です。その気になれば恐怖で服従させることもできます。

しかし、クリエイティブなプロジェクトではそうはいきません。

やるべきことは『管理』ではなく、『統率』です。

統率とは人間的な魅力や強度を含む概念で、構成メンバーの信頼と敬意を基本原理に集団を率いようとする態度です。

統率の原理はリスペクト。チームを率いるプロジェクトリーダーは、強いモチベーションと情熱でメンバーたちを束ねるほかなく、その際にエンジンになり得るのは相互のリスペクトだけです。

とはいえ、敬意を集める統率者には権威がないとか、権威は要らないと言っているわけではありません。とうぜんながら、すぐれたリーダーにはある種の権威が備わっています。

しかしそれは、権威に敬意がついてきたものではなく、敬意の上に権威が形成されたものであって、ルーティン組織とはメカニズムが正反対なのです。

統率するためには三つの条件が必要です。

人間性に対する信頼を得られること、能力に対する敬意を得られること、モチベーションを引き上げる資質を備えていること。

プロジェクトリーダーにふさわしい人材とはすなわち、構成員からリスペクトされ、彼らを情熱で引っ張っていける人間です。

『統率』と『管理』は似て非なるものです。

残念ながら、日本の組織のリーダーの多くは〝管理者〟であって、〝統率者〟ではありません。そしておそらく、この区別もついていないでしょう。クリエイティブでなければ生きていけないこれからの日本にあって、これはとても大きな問題だと思います。

→やるべきことは「管理」ではなく「統率」

43

指揮統制の基本原理はボトムアップ

チームのマネジメントで大切なポイントのひとつは、参画するメンバー自身に考えさせることです。命令されてやるのと、自分で考えたことをやるのでは、やっていることはおなじでも、モチベーションは天と地ほどちがいます。

ときにはリーダーがいなくなったほうがうまくことが運ぶこともあります。先の岡本太郎の逸話を思い出してください。

大阪万博テーマ館のスタッフ会議で、太郎はメンバーたちに哲学を熱く語ったあと、肝心の議論がはじまったときには隣の部屋で女の子をからかっていました。議論が尽きて創造的なエネルギーが飽和状態になったころにフラフラと帰ってきて、いつの間にかスーっと結論に導きます。さんざん自分たちで議論した後に結論に至ったわけですから、みんな自分たちで考え、自分たちで決めたと感じたはず。これでモチベーションが上がらないわけがありません。

多くの人は、強力な指導力——世間で言われる〝リーダーシップ〟です——を備えたリーダーが、トップダウンでバリバリ進んでいくスタイルがプロジェクト運営の理想形だとイメージしています。そしてそれを〝軍隊型〟だと考えています。

しかし、実際は逆です。権威を前提としたトップダウンの組織統制が合理的なのは、役所のようなルーティンの組織であって、〝一回限り〟のプロジェクト、とりわけ情熱とモチベーションがものをいうクリエイティブワークでは、むしろボトムアップの性格が濃いほうがうまくいくと考えるべきです。

クリエイティブなプロジェクトでは、メンバーがリーダーの指揮を受容するというボトムアップで統制が維持されます。逆にいえば、指揮が不適切ならリーダーの権威は失墜し、メンバーは指揮を受容しなくなります。

理論の話をしているわけではありません。それが現実です。

状況判断ができずに思考停止する者、ピント外れの命令を下して安心する者、不安のあまりパニックに陥る者、保身から決断を避けようとする者……、このような者たちに率いられたプロジェクトが内部崩壊して漂流したり、チームが統制を失うなかでコアメンバーが自分の責任を果たそうと孤軍奮闘するシーンを、ぼくはいろいろと見てきました。

とうぜんですが、起用したメンバーたちがすぐれているほど、リーダーに向けられる視線は厳しさを増していきます。おそらくベルリンフィルは二流の指揮者を受容しません。「指揮者はオレだ。だから言うことを聞け。これは命令だ！」と叫んだところでバカにされるだけであろうことは、ぼくのような素人でも容易に想像がつきます。前述したように、クリエイティブな世界では恐怖を使って統制することはできないし、命令でマネジメントすることもできないのです。

↓

不適切な指揮をメンバーは受容しない

44

ミッション形式で指令する

コアメンバーにプロジェクトの〝旗〟すなわちビジョンを指し示したあと、プロデューサーは、その旗に向かってアプローチしていく道筋を、メンバーそれぞれに考えさせます。要するに〝どのように戦うか〟を考えさせるわけです。

ただしビジョンは概念的なものなので、これだけでは自分になにが求められているのかがメンバーにはよくわかりません。そこでビジョンを分解して、それぞれのコアメンバーの役割を想定、それをミッションの形に翻訳して指令します。〝ミッション形式〟とは「達成してもらいたいことだけを示し、方法までは指定しない」という意味です。それをどのように達成するかは原則自由、自分で考えてくれ、というやり方です。

「達成すべきこと」を受け取ったメンバーは、それを実現する道筋を研究し、期待されるパフォーマンスに近づく方法を考え工夫します。自分の持ち味や得意技を思い浮かべながら、自分にとって有利な〝戦い方〟を練っていくわけです。

↓方法までは縛らない

メンバーからそれぞれの戦い方が提案されたら、それらをすべてひとつのテーブルに乗せ、コアメンバーみんなでアイデアを出しあいながら、プロジェクト全体の戦い方——それが戦術です——を固めていきます。もちろん最後に決断するのはプロデューサーです。

製品ごとの事業部制をはじめて採用したのは松下幸之助だといわれています。研究開発から生産、販売まで、自己責任と独立採算でやらせたのは、「人は任せられると感激し、存分に創意工夫、能力を発揮する」と信じたからだと聞きました。一方では、事業部制の縦割り主義が創造的アクションを阻害する戦犯なのだ、という意見もあるでしょう。現実の会社運営においてはたしかにそうかもしれません。しかし少なくとも、「任せられれば人はがんばる」という松下幸之助の見方は真理だと思います。

「君に会戦計画を付与するつもりはない。達成してもらいたいことを計画しただけであり、それをどのように達成するかは君の自由だ」。

南北戦争で北軍を勝利に導いたユリシーズ・グラントの言葉です。クリエイティブに向かう方法として、ぼくはこれが正しいあり方だと思います。

45

大幅な変更を余儀なくされたら

修正や変更の生じないプロジェクトはありません。「環境条件の変化」「要素間の不整合」「進路変更」など原因はさまざまで、修正が必要な都度、調整を行うのがプロデューサーの役割です。

調整とはすなわち進行中の段取りを変えること。多くの場合、それは手待ちと手戻りを引き起こします。手待ちとは作業が中断したままフリーズさせられること、手戻りとはやりかけている作業の一部をやり直しさせられることです。だれにとっても不愉快なことであり、度を越せば一気にやる気を失います。

もっとも、「より突破力のあるアイデアを思いついた」とか「さらにプロジェクトの強度を高める選択肢が見つかった」といった前向きな理由による調整なら心配はいりません。コアメンバーたちの段取りを乱すことに変わりはありませんが、それと引き換えにクリエイティブなモチベーションが掻き立てられ、よい展開へと進む可能性が高いからです。

しかし、外的要因による場合はそうはいきません。「予算が増えることになった」とか「好きなだけ時間をかけていいぞ」といった条件変更はまずありませんから、忸怩たる思いで軌道修正をしなければならなかったり、新たな制約が課せられたりするケースがほとんどです。

ことがうまく運んでいるときにはだれしも前向きですが、状況が厳しい局面を迎えると、みな保守的になり、発想にも勢いがなくなっていきます。みなで解決方法を考えようとしても、元気な提案は姿を消して、否定的・消極的な発言が多くなり、〝できない〟理由の説明が続きます。

チームがこの状態に陥っているときに、「いまこそ飛躍のチャンスだ！」「みんなで力をあわせてがんばろう！」などと精神論を吐いたところで効果はありません。モチベーションの低下は、やろうとしていたこと、やれるはずだったことができなくなることに起因しているわけだから、この問題に斬り込まない限り解決しません。根性論では乗り切れないし、事情を納得したからといってモチベーションが回復するわけでもないのです。

こういうとき、ぼくは別の〝おもしろいこと〟を差し出すことを考えます。新たなテーマが現れた、新しい発想を迫られた、新たな刺激が投げ込まれた……など、メンバーが〝血が騒ぐ〟状況をつくればいいのです。

あえてハードルの高い要求をつきつけたり、メンバー同士が衝突を起こす状況をつくったりしながら、クリエイティブな挑発でメンバーたちを揺さぶり、彼らの創造的なモチベーションを掻き立てます。

ときにはそれまでの軌道そのものを思い切って変える「進路変更」を行うこともあります。積み上げてきたことの一部をご破算にして、戦術のある部分を別の選択肢に置き換えることで、メンバーを刺激してクリエイティブな情熱に火をつけるわけです。

放っておけば負のスパイラルに陥りかねないこうした調整を、正回転へのスイッチに変える。それこそがプロデューサーの腕の見せ所です。

大切なのは、矛盾を避けた合理化ではなく、矛盾を契機により高次なアイデアに発展させること。ジレンマや不整合の到来を、むしろ一歩前に歩を進めるチャンスと考えるくらいでないと、〝まだないもの〟をめざすプロジェクトはうまくいきません。

↓ 調整を負のスパイラルにしない

二項対立でものごとをとらえ、
二者択一で反応するのは
創造する者の態度ではない。
対立を回避した合理化ではなく、
矛盾をバネにより高次のアイデアに
ジャンプする。
ジレンマや不整合を
統合・解消するプロセスにこそ
創造性は潜んでいるのだ。

46

楽観と悲観を行き来する

決断したら迷いません。心配を表に出したところでいいことはないからです。船長が心配そうにしている姿は乗組員に大きな不安を与えます。メンバーの動揺はプロジェクトにとって大きなリスク。船長はいつでも泰然としていなければダメです。〝情熱的な楽観主義者〟でなければプロジェクトリーダーは務まりません。

現場でのぼくはいつも楽天的です。メンバーたちの顔を見ているときは負ける気がしないし、「ぜったいにうまくいく」と口にも出します。〝つくっている〟わけではありません。実際にそんな気分になっているのです。端から見たら、イケイケの自信家と映っていることでしょう。現場をもり立て、やる気を引き出すことはリーダーの大切な役割です。

もちろん心配がないわけではありません。というより、ほんとうは不安でいっぱいです。やったこともなければ正解もない状況で、やむなく決断していることだっていっぱいあります。かならずうまくいくなどと無邪気に信じられるわけがありません。

想像していなかった事態が襲ってくるかもしれないし、チームの能力が期待していたほどには高くないかもしれない。想定していた以上にリスクが大きいかもしれないし、コアメンバーのだれかが肝心なときに戦線離脱を余儀なくされるかもしれません。事務所にいるときのぼくは、いつもそんなことばかり考えています。数々の実戦に勝利したビザンチン帝国皇帝のマウリキウスは「予期しないことと、予期したくないことが起こる、と予期するようにせよ」と言っていますが、まさにそれを実践しています。

頭の中で成功までの道筋を繰り返し確認し、そこに潜むリスクを考えながら、他の選択肢を探したり、いざというときのバックアッププランをシミュレーションしたり――。ひとりで悩み考えているわけで、このときのぼくはみごとなまでに〝臆病な悲観主義者〟です。

〝情熱的な楽観主義者〟と〝臆病な悲観主義者〟の双方を引き受け、両者を行き来しながらものごとを決断する。アンビヴァレントな状況を受け入れ、腹をくくって決める。

それがリーダーの務めです。

↓

決断したら迷わない。でも、予期できないことが起こるイメージも持っておく

あとがき

問題は兵士たちではない。だれが指揮官かだ

レジスタンスとともに第二次世界大戦を戦い抜いた、元フランス大統領シャルル・ド・ゴールの言葉です。軍隊について語ったものですが、およそすべての組織にあてはまる真理だと思います。

プロジェクトでは、成果の品質も、性格も、成否でさえも、すべてはプロジェクトリーダーの個性と情熱に依存します。「なにができるか」は「だれがつくるか」で決まる。それがプロジェクトの宿命なのです。

創造の現場には稟議もなければ多数決もありません。義務と責任を分担する仕組みは存在しない。決断するときはひとり。正直、孤独です。

でも、それと引き換えに、あたらしいものごとの誕生に立ち会う特権が与えられる。腹をくくって冒険したときほど、成果を出せたときのよろこびは大きく、やってよかったと身にしみて感じます。だれよりも自分自身が感激します。それはプロジェクトに全霊で身

を投じた者だけに贈られる、特別なご褒美なのかもしれません。

プロデュースはスリリングでおもしろい。それが三〇年やってきたぼくの偽らざる実感です。

なによりプロジェクトはかけがえのないチャンスを与えてくれます。あたらしいなにかを提案できるかもしれない、その可能性です。

「なにかを残せないとするなら、そいつはなんのために生きてるんだ？　そいつがそこにいる意味はどこにある？」

新しい様式をつくりあげては自ら破壊し、ジャズの歴史を幾度も塗り替えたマイルス・デイビスはそう言いました。

マイルスを引きあいに出すなんておこがましいけれど、心持ちの根っこはぼくもおなじです。プロデューサーとしての情熱の源泉は、けっきょくのところ、「この世になにかを残したい」「自分のアイデアを世に問いたい」「自分にしかできないことをやってみたい」という野心なのだと思います。大袈裟に言えば「生きた証を残したい」という願望です。けっして傲慢な自己顕示欲だとは思いません。むしろだれもが生まれながらにもっている情熱であり、ごくあたりまえの感性だと思います。

どんな人生を幸福と呼ぶのか、ぼくにはわかりません、でも、死の床で人生をふりかえったときに、「オレの人生はたいしたものじゃなかったかもしれないけれど、あれをやれたのだから、まんざら捨てたものでもなかったな」と思えるかどうか。けっきょくはそれで決まるのではないかと思います。

生きた証を残したい。だれもが心に秘めているこの情熱を現実のものにすることこそが、プロデュースの真髄であり、プロデュース力を発揮して〝まだないもの〟を世界に送り出すことこそが、これからの日本に不可欠な構えです。もはや〝いいものを安く〟だけではやっていけないのですから。

イノベーションは個人でも大組織でもなく、顔の見える小さな集団の仕事です。

柔らかい関係でむすばれた者同士が、そのとき限りのチームをつくって新しい価値に挑む。そうしたプロジェクト・オリエンテッドなスタイルが、まもなくビジネスの標準フォーマットになるでしょう。

プロデュースとはもはや特別な人の特殊な技術ではありません。

もって生まれた才能がなければ創造的な仕事はできない。多くの人はそう考えていますが、誤解です。原則を知り作法を身につけさえすれば、だれにでも可能です。

やってみませんか？

世界に売るということ

平野暁臣の仕事の鉄則

空間メディアプロデューサー
岡本太郎記念館館長

２０１４年７月31日　初版第１刷発行

著　平野暁臣

装画（帯）竹田嘉文
デザイン　ＡＤ：細山田光宣
　　　　　Ｄ：松本歩（細山田デザイン事務所）
編集　岡本秀一
編集協力　野崎稚恵
制作　鈴木澄子

発行人　長坂嘉昭
発行所　株式会社プレジデント社
〒１０２－８６４１
東京都千代田区平河町２－16－１　平河町森タワー
ＴＥＬ　０３－３２３７－３７３２（編集）
ＴＥＬ　０３－３２３７－３７３１（販売）
http://www.president.co.jp/

印刷・製本　凸版印刷株式会社

ISBN　978-4-8334-2088-4
Printed in Japan